建设美丽中国 书系
building a beautiful China

县域经济差异的时空演变及影响因素研究

以兰州–西宁地区为例

殷颂葵◎著

Study on the Spatio-temporal Evolution and Influencing Factors of County Economic Differences

Take Lanzhou-Xining Region as an Example

中国经济出版社
CHINA ECONOMIC PUBLISHING HOUSE
北京

图书在版编目(CIP)数据

县域经济差异的时空演变及影响因素研究：以兰州—西宁地区为例 / 殷颂葵著 . --北京：中国经济出版社，2024.5

ISBN 978-7-5136-7772-1

Ⅰ. ①县… Ⅱ. ①殷… Ⅲ. ①县级经济-区域经济发展-研究-兰州、西宁 Ⅳ. ①F127.421 ②F127.443

中国国家版本馆 CIP 数据核字(2024)第 096451 号

责任编辑 冀 意
责任印制 马小宾
封面设计 久品轩

出版发行 中国经济出版社
印 刷 者 北京鑫益晖印刷有限公司
经 销 者 各地新华书店
开 本 710mm×1000mm 1/16
印 张 12.25
字 数 168 千字
版 次 2024 年 5 月第 1 版
印 次 2024 年 5 月第 1 次
定 价 88.00 元
广告经营许可证 京西工商广字第 8179 号

中国经济出版社 网址 http://epc.sinopec.com/epc/ 社址 北京市东城区安定门外大街 58 号 邮编 100011
本版图书如存在印装质量问题，请与本社销售中心联系调换(联系电话：010-57512564)

CONTENTS

目录

第 1 章

绪 论

1.1 研究背景与意义

1.1.1 研究背景

1.1.1.1 区域经济发展分化态势明显

进入21世纪以来，为促进国土均衡开发和实现区域经济协调发展，国家统筹实施了“四大板块”、“三个支撑带”、粤港澳大湾区、长三角一体化等一系列对国民经济发展具有全局性影响的区域发展战略。这些区域发展战略的接续推进在为国家整体经济的持续增长创造条件的同时，也为改善区域经济发展条件、增强区域自我发展能力和缩小区域发展差距奠定了基础。然而，在以“增速换挡、结构优化、动力转换”为主要特征的新常态阶段[1-2]，由于要素禀赋、发展阶段及转型约束条件等方面的差异，区域经济发展分化态势渐趋明显[3]。党的十九大报告明确指出，“发展不平衡不充分的一些突出问题尚未解决”，并先后提出了实施区域协调发展战略和“建立更加有效的区域协调发展新机制”的要求；《中华人民共和国国民经济和社会发展第十四个五年规划和2035年远景目标纲要》亦认为，“我国发展不平衡不充分问题仍然突出……城乡区域发展和收入分配差距较大”。审视2012—2021年我国区域经济发展格局的变化可以发现，全国经济重心向南移动的趋势愈加明显（见图1-1），这意味着我国区域经济在原有东西部差异问题的基础上叠加了南北部失衡问题[4-5]。

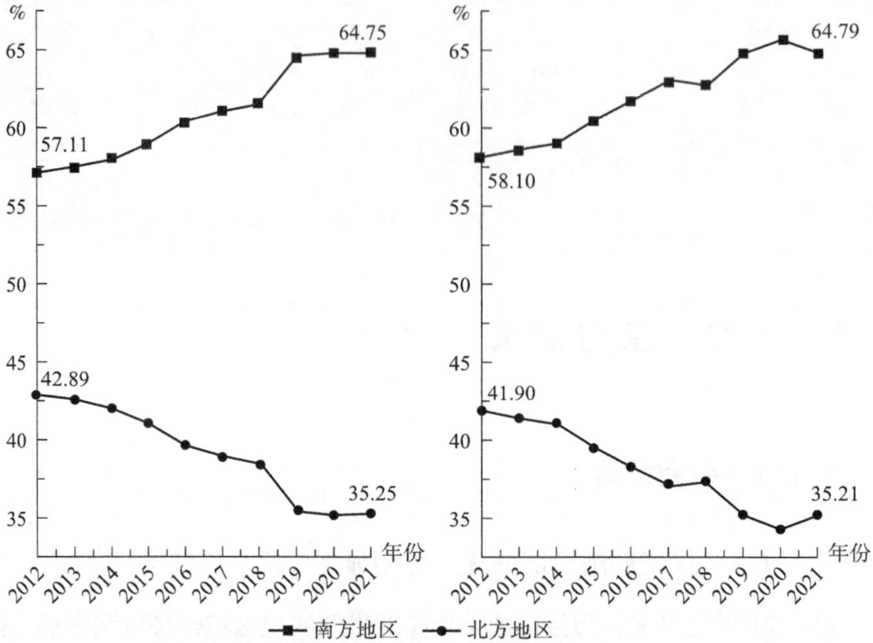

图 1-1　2012—2021 年我国南北经济比重

不仅如此，区域内部的经济差异也较为明显[6]。《关于新时代推进西部大开发形成新格局的指导意见》指出，西部大开发取得重大历史性成就，但西部地区发展不平衡与不充分问题依然突出①。作为两类差异中欠发达地区交集的西北地区②，经济发展水平相对滞后，已成为制约国家推动形成优势互补高质量发展区域经济布局的短板之一。2021 年该地区人均生产总值相当于全国平均水平的 81.71%，较 2012 年下降了 16.56 个百分点③。因此，西北地区在新发展理念的指导下，亟须重塑经济发展动力机制，在探索解决发展不充分问题的同时着力缩小与国内其他区域发展的差距。

经济学理论告诉我们，在集聚效应的作用下，经济增长首先会出现在

① 中国政府网，http://www.gov.cn/zhengce/2020-05/17/content_5512456.htm.

② 对应西部大开发战略的空间尺度，西北地区包括陕西、甘肃、青海、宁夏、新疆和内蒙古六个省区。

③ 根据《中国统计年鉴》(2022) 相关数据计算而得。

某些具有优势条件的地区①。就西北地区而言，早在20世纪90年代，《国务院批转国家计委关于西北地区经济规划问题报告的通知》(国发〔1993〕19号)就提出，“实行向基础产业和重点地区倾斜的政策，选择基础较好、交通方便的地区进行重点建设，带动周围地区的经济发展”。《全国主体功能区规划》将地处西北的呼包鄂榆地区、关中—天水地区、兰州—西宁地区、宁夏沿黄经济区、天山北坡地区等主要城市化地区列为国家层面的重点开发区域。根据国家重点开发区域的功能定位，这些区域将通过人口和经济活动的集聚，成长为支撑西北地区乃至全国经济发展的重要增长极和落实国家区域发展总体战略及促进区域协调发展的重要支撑点。因此，关注这些重点开发区域的发展不仅有助于推动西北地区实现高质量发展，而且有助于推动新时代西部大开发迈上新台阶和形成新格局。

1.1.1.2 中心城市和城市群成为承载发展要素的主要空间形式

《国家新型城镇化规划(2014—2020年)》指出：“直辖市、省会城市、计划单列市和重要节点城市等中心城市，是我国城镇化发展的重要支撑。”围绕着这些中心城市构建都市圈或城市群②并提高其综合承载能力，是优化我国经济发展空间结构和促进区域经济协调发展的选择之一。其中，省会城市作为省域资源配置的中心，对省域经济发展的引领作用举足轻重(见图1-2)③。面对国内外经济发展环境的变化，做大做强省

---

① 世界银行(2009)认为：“各地区不能同时同步富裕起来，小到地方层次，大至国家乃至全球层次，这都是不争的事实，虽然这多少有点不公平。”世界银行.2009年世界发展报告：重塑世界经济地理[M].胡光宇，等，译.北京：清华大学出版社，2009.

② 《国家发展改革委关于培育现代化都市圈的指导意见》(发改规划〔2019〕328号)指出：“城市群是新型城镇化主体形态，是支撑全国经济增长、促进区域协调发展、参与国际竞争合作的重要平台。都市圈是城市群内部以超大特大城市或辐射带动功能强的大城市为中心，以1小时通勤圈为基本范围的城镇化空间形态。”

③ 为消除价格因素的影响，首先根据各省会城市与各省份生产总值的环比增长速度将2021年数据换算为以2012年为基期的实际值，然后依据实际值计算2021年各省会城市生产总值占所在省份的比重及2012—2021年的贡献率。其中，省份数据来源于历年中国统计年鉴，省会城市数据来源于各省会城市2022年出版的统计年鉴或2021年出版的统计年鉴与2021年的统计公报。

会城市，形成以其为核心的都市圈或城市群进而推动省域经济快速发展，已经成为许多省份的现实选择，在部分省份“强省会”战略应运而生。

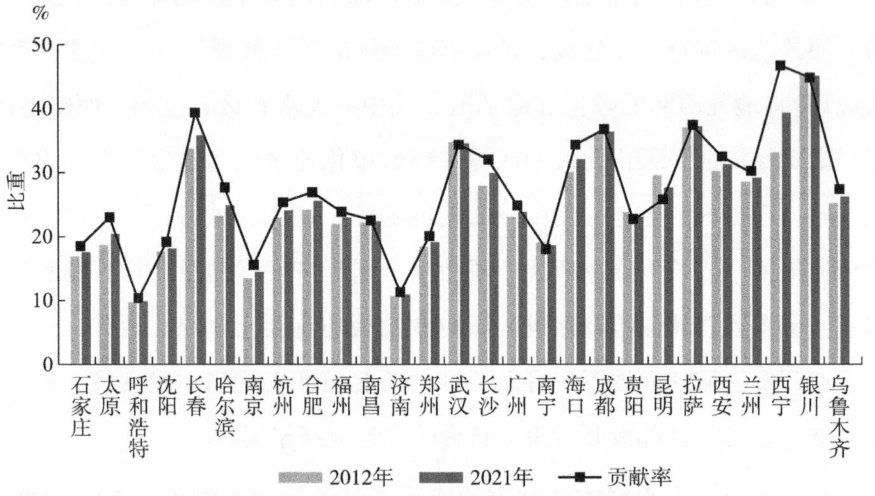

图 1-2　2012 年与 2021 年省会城市生产总值占全省的比重

作为甘肃省和青海省省会城市的兰州市、西宁市同处河湟谷地，它们及周边地区，不仅环境承载力较高，经济发展基础较好，人口和城镇密度较高，由中心城市引领发展，而且经济社会人文联系较为紧密，具备城市群培育发展的条件。《西部大开发“十三五”规划》在“优化空间开发格局”中提出“推进兰州—西宁等次级增长区域发展，规划引导兰州—西宁等城市群有序发展，打造西部地区经济增长重要引擎”。2018 年 2 月，国家发展改革委、住房城乡建设部联合印发了《兰州—西宁城市群发展规划》，指出：“培育发展兰州—西宁城市群，有利于保障国家生态安全，有利于维护国土安全和促进国土均衡开发，有利于促进‘一带一路’建设和长江经济带发展互动，有利于带动西北地区实现‘两个一百年’奋斗目标。”根据规划，兰州—西宁城市群是指以兰州市和西宁市两大省会城市为核心，辐射周边白银市、定西市、海东市、临夏州、海北州、海南州和黄南州等市州，土地面积约为 9.75 万平方公里，以 8.53%的土地面积承载了占甘青两省37.25%的人口和49.87%的经济总量，是甘青两省乃至西北地区重要的人口和经济活动高密度区域。

1.1.1.3 区域协作成为全国统一大市场建设的重要推进器

2022年3月，《中共中央　国务院关于加快建设全国统一大市场的意见》(以下简称《意见》)为构建全国统一大市场提供了思想指引和行动指南。然而，因区际和区域内部存在的经济差异而形成的市场分割与地方保护主义将对全国统一大市场的建设构成障碍。因此，《意见》提出要“打破地方保护和市场分割，打通制约经济循环的关键堵点”，并强调了“优先推进区域协作”的重要性。加强省际交界地区合作是优先推进区域协作的重要内容。长期以来，省际交界地区在行政壁垒、地方政府利益博弈等因素的综合影响下，陷入“低水平发展陷阱”，成为经济发展的“洼地”。因此，加强省际交界地区协作，缩小它们内部发展的差异及与省内中心地区的发展差距已成为学术界与政策制定者共同持续关注的议题①。

不同于一般意义上的省际交界地区，兰州—西宁地区是我国省会城市空间距离最近的省际毗邻区域，不仅发展基础相对较好，集中了两省优质的公共服务资源和生产要素，而且具有一定的区位优势，区域内分布有两个省会城市，是我国向西开放的重要支点。但是，该地区在行政边界等因素的约束下尚未能形成发展合力，生产要素未能在区域内实现高效畅通流动，在一定程度上影响了省际经济循环，不利于全国统一大市场建设。因此，本书在分析兰州—西宁地区内部经济差异及收敛性的基础上，探索建立“统一规划、统一管理、合作共建、利益共享”的区域协作新机制，为跨行政区协作、加速区域一体化进程提供借鉴，进而为建设全国统一大市场奠定基础。

---

① 《中共中央　国务院关于建立更加有效的区域协调发展新机制的意见》不仅提出了“加强省际交界地区合作”的要求，而且在“健全区域发展保障机制”中强调“围绕缩小区域发展差距、区域一体化、资源环境协调等重点领域，建立区域协调发展评价指标体系，科学客观评价区域发展的协调性，为区域政策制定和调整提供参考”。

1.1.2 研究意义

1.1.2.1 学术价值

自然资源禀赋和发展基础方面的差异会导致社会经济活动呈现出发展水平、发展阶段乃至发展能力的空间差异，进而使得不同区域的经济发展存在异质性。我国地域辽阔，地区资源禀赋与区位条件迥异，存在着诸多具有特定经济发展特征的区域。兰州—西宁地区既具有一般经济社会发展的共同特征，又具有鲜明的地域特色，从县域尺度出发对该地区的经济差异进行研究，可以为欠发达地区的区域经济差异研究奉献微观视角的基本素材。

兰州—西宁地区的空间范畴兼具跨市域和跨省界的特征，通过研究其经济活动的空间配置规律及可能的驱动因素，可以为欠发达地区的跨界治理和区域协作研究提供参考。与此同时，综合应用经济学、地理学和统计学等学科的理论与研究方法，可以深化对区域经济关系理论的认识。空间效率和区域平衡的权衡问题是区域经济学和经济地理学研究的重要主题之一，对于欠发达地区而言，如何在追求总体经济发展的同时使得经济活动的地理分布趋于合理值得关注和研究。

1.1.2.2 实际意义

胡焕庸(1935)在《中国人口之分布》一文中提出了中国人口密度分布的东南和西北分异突变线[7]，即广为人知的“胡焕庸线”。尽管“胡焕庸线”所揭示的人口空间分布规律或将长期存在，但是其背后所凸显的我国区域发展不平衡问题却是推进中国式现代化进程中亟须解决的难题之一。从地图上来看，“胡焕庸线”与400毫米降水线的走向基本一致，国家“十四五”规划和2035年远景目标纲要提出了“促进400毫米降水线西侧区域保护发展”的要求，而兰州—西宁地区是国家确定在400毫米降水线西侧的重点开发区域，通过揭示其经济差异演变规律及可能的影响因素，加速空间融合进程，可以为提高资源空间配置效率和提升区域综合经济实力奠定基础，进而为缩小 400 毫米降水线(或胡焕庸线)两侧的相对差距、促进国土空间均衡发展创造条件。

西北地区是我国西部大开发的重点区域和向西开放的前沿阵地，而兰州—西宁地区地处丝绸之路经济带国内西北段的中心地带，是沟通西南与西北的重要枢纽和长江经济带连接亚欧大陆的重要桥梁。因此，研究兰州—西宁地区经济差异演变及收敛状况并探究其可能的驱动因素，有助于加速区域一体化进程和实现高水平、高质量发展，进而促进兰州—西宁地区成长为国家向西开放的重要支点和载体。

兰州—西宁地区尽管是甘青两省人口、城镇分布较为密集和经济活动较为集中的地区，但是城市群培育发展面临着“形聚神散”的困境，若是内部经济差异问题得不到有效解决，将会加剧这种困境。因此，研究兰州—西宁地区经济差异演变及收敛状况并探究其可能的驱动因素，将有助于该地区在培育发展城市群的进程中克服因发展不协调而带来的“合作困境”，助力城市群建设由聚合走向融合。

1.2 国内外文献综述

1.2.1 国外研究概况

区域经济差异是区域经济发展过程中的一种普遍现象，威廉逊在库兹涅茨关于收入差异与经济增长倒 U 型关系曲线研究的基础上提出区域趋同假说，而这一假说对区域经济差异研究产生了较为深远的影响，相关经验研究中既有支持该假说的论据，也不乏有反对该假说的证据。

Baumol(1986)研究发现国家间初始人均收入与经济增长率之间存在负相关关系[8]；Barro 和 Martin(1991，1992)基于新古典增长模型对美国各州和西欧 73 个区域人均收入增长的研究发现，人均收入水平的收敛现象是客观存在的[9-10]。Martin(1996)对110个国家及经合组织成员1960—1990年的数据分析也表明，经济增长过程中的确存在着收敛现象[11]。Dilling-Hansen等(1994)研究发现产业结构和教育差异的缩小导致二战后丹麦县际人均收入增长呈现出较强的收敛态势[12]。Coulombe等(1995)认为得益于区际贸易、政府间转移支付和税收，20世纪60年代初期以后加拿大各省人均收入和产出增长均趋于收敛[13]。Duede等(2016)的研究结果表明在冷战结束之后的一段时期内全球宏观经济呈现显著的 σ 收敛[14]。Yasari(2021)通过计算人均收入的威廉姆森指数和泰尔指数发现，2011—2019年南加里曼丹省地区间经济差异呈现缩减态势[15]。Norihiro等(2022)基于日本的研究认为高铁建设对周边地区的收入和创新产生积极影响，可以加速区域经济收敛[16]。当然，绝对收敛通常只存在发达国家之间或者欠发达国家之间，即俱乐部收敛更能体现这种分组收敛特征(Ben-David，1998)[17]。

也有相关经验研究不支持威廉逊区域趋同假说。Jackson等(1981)研究发现美国九大经济区1960—1978年的人均收入差异保持相对稳定，人均收入并没有表现出收敛的现象[18]。Amos(1988)研究认为美国区域经济差异自20世纪50年代以后存在逐步扩大的趋势[19]。Bernat(2001)发现美国各州人均收入在1950—1979年趋于收敛，而在1979—1999年趋于发散[20]。在影响区域经济收敛性的因素中，相关研究发现选民政治偏见分布的地区差异(Okabe et al.，2017)[21]、劳动生产率的差异(Beugelsdijk et al.，2018；Kataoka，2018)[22-23]、政府提供经济服务的差异(Nandan et al.，2022)[24]都是解释区域经济差异的关键因素。

如果存在经济收敛现象，经济收敛速度则成为经济收敛研究的重要内容。Mankiw等(1992)的研究表明在保持人口增长和资本积累不变的情况下，各国的收敛速度与扩展索洛模型预测的速度大致相同[25]。Davidescu等(2018)考察了2000—2013年外国直接投资对罗马尼亚收敛指数的影响，研究结果表明长期中外国直接投资流量增加1%意味着罗马尼亚的经济收敛指数将接近欧盟平均水平，增长近0.61%[26]。Labidi(2019)研究了突尼斯 1985—2016 年的经济收敛速度，结果表明在此期间突尼斯区域经济确实存在着收敛速度较慢的特征，需要适当的公共政策来加快经济收敛的速度[27]。Carrington 等(2021)用夜间灯光数据代替收入分析了 1992—2013 年厄瓜多尔省际的经济收敛，结果表明，各省之间存在经济收敛，且每年的收敛速度大致为 2%[28]。

近年来，随着空间统计学和空间计量经济学的兴起，研究者也考察了空间因素对经济收敛的影响。Paolo 等(2020)通过研究 1992—2014 年欧盟的经济增长发现，该地区经济存在收敛效应，且考虑空间相互作用后收敛速度会更快[29]。Cartone 等(2021)采用了空间分位数回归方法对欧洲 12 个国家 187 个地区的经济差异成因和收敛性进行了研究，结果表明它们在投资、人口增长、人力资本和溢出效应等方面存在区域异质性且收敛速度不同，特别是经济增长速度较慢的地区反而具有较高的收敛程度[30]。

1.2.2 国内研究概况

1.2.2.1 经济差异及成因研究

1. 经济差异研究

胡焕庸(1935)基于人口密度提出的“瑷珲—腾冲一线”引起了研究者和政策制定者对我国人口空间分布和经济非均衡发展状况的关注。相关统计数据显示，1949 年各地区工业总产值排在前 5 位的依次是上海、江苏、辽宁、山东和广东，均为沿海地区，其中上海工业总产值占全国的 1/4，沿海 5 省(市)则占全国的 56.23%[31]。为逐步改变近代以来生产力不合理布局的状况，特别是调整内地和沿海地区的经济关系，新中国成立初期提出了“既要合理地利用原有工业基础，也要积极地着手创设新的工业基地，逐步地改变过去的经济发展不平衡的状态”的建设思路[32]，并逐渐形成了“利用沿海、发展内陆、缩小地区差异”的均衡发展战略。

改革开放初期，如何加快发展步伐和迅速改善人民群众的生活是中国面临的重大政策课题。基于对发展理念与发展实践的反思，提出了“效率优先，先富带动后富，最终达到共同富裕”的总体发展思路，这一发展思路在区域发展战略中的体现就是，在沿海地区设立四个经济特区、对外开放十四个沿海城市，赋予它们某些特有的财权和事权，鼓励其吸引外商投资和发展出口导向型产业，并由此逐渐形成了沿海地区优先发展战略。此后，随着市场化改革的持续推进，特别是在市场机制的作用下，各种发展要素向经济较为发达的沿海地区和城市聚集，地区间的合理分工与协调发展偏离了预期目标。于是，中央政府基于区位条件、资源禀赋、发展基础重构了我国区域经济格局，并因地制宜地提出了西部大开发(1999)、东北振兴(2003)、中部崛起(2004)等区域发展战略。基于此，自 20 世纪 90 年代开始，关于我国区域经济差异、经济收敛性(或经济趋同性)的研究文献日益丰富起来，这些研究成果为探讨我国区域经济差异的演变规律和实现区域经济协调发展提供了理论依据和政策参考。

经济差异变化的倒 U 型假说对国内学者产生了较大影响，许多研究文献在采用诸如变异系数、基尼系数、泰尔指数等指标测度经济增长及区域经济差异的基础上直接或者间接地验证该假说在我国是否成立。杨开忠(1994)的研究认为我国省份经济差异以 1978 年为拐点基本呈现出倒 U 型的变化轨迹，而沿海和内地的经济差异大致表现出 V 型变化特征[33]。徐建华等(2005)基于 1952—2000 年的省级数据研究发现，我国区域经济差异的变化过程在大时间尺度上基本符合倒 U 型曲线规律，而在小时间尺度上表现为由倒 U 型与 U 型连接的复合倒 U 型曲线[34]。刘树成等(2007)测算了 1952—2006 年地区间人均 GDP 的变异系数、基尼系数、σ 系数，发现它们均显示出先扩大后缩小的倒 U 型特征[35]。冯长春等(2015)基于 2000—2012 年人均 GDP 数据从经济区、省域和市域三类空间尺度测度了我国区域经济差异的演变，研究结果显示我国区域经济差异大致呈现先小幅上升、后持续下降的倒 U 型趋势[36]。

当然，也有文献的研究结论并不支持倒U型假说。贺灿飞等(2004)测度了我国1952—2002年地带间和省份间的经济差异，认为地带间差异随时间持续扩大，省际差异自1978年以来呈现U型变化态势[37]。张毅(2010)以农民人均纯收入等指标分析了1980—2008年我国县域经济差异的变化状况，认为县域经济差异巨大，并有不断扩大的态势[38]。陈培阳等(2012)从地带、省级、地级和县级等多个尺度测度了1998—2009年我国区域经济差异，认为研究期内我国区域经济差异在四个尺度上均表现出扩大的趋势[39]。孙久文等(2014)的研究发现，1978—2012年我国省份人均GDP变异系数和基尼系数在平缓的V型变化中趋于缩小[40]。

随着数据资料的逐渐完善与丰富，关于经济差异研究的空间尺度由地带、地区、省域、市域逐渐延伸到县域甚至镇域(丁志伟等，2013)[41]。

2. 经济差异的成因分析

在明晰经济差异演变特征的基础上，探究其成因就显得尤为重要。李国平等(2003)认为生产与人口流向的空间不匹配是造成我国地区经济差异的主要原因[42]。陈良文等(2007)将要素流动和集聚经济效应纳入分析框架，认为在集聚经济效应作用下地区间的要素流动将会扩大地区经济差异[43]。姚先国等(2008)认为尽管提高劳动力教育程度对地区经济增长有显著积极的影响且有一定的溢出效应，但却不是地区经济差异的主要影响因素[44]。田伟等(2009)探讨了晋升博弈、地方官员行为与我国区域经济差异的关系，为理解我国区域经济差异提供了一个不局限于经济因素的解释[45]。任保平等(2021)认为不同省域政府财富创造能力的差异是导致我国区域经济差异长期存在的主要原因[46]。吕承超等(2021)的研究表明，尽管全要素生产率、人力资本等质量型因素会影响地区经济差异，但人均资本、城镇化率和对外开放程度等数量型因素才是主导地区经济差异产生和变化的力量[47]。

中国经济发展进入新常态后，南北经济差异逐渐显现，研究者从不同角度解释了造成南北经济差异的原因。盛来运等(2018)认为北方资本积累速度较慢是造成南北经济差距扩大的最重要原因[48]。当然，更多的研究文献倾向于将产业结构优化、区域经济政策、科技创新载体等方面的异质性所产生的动能转换差异视为南北经济分化的主要原因(杜宇等，2020；杨明洪等，2021；安虎森等，2021)[49-51]。

综合而言，关于我国区域经济差异的成因存在着不同看法，学者们基于不同的研究视角和经验数据给出了不同的答案，基本涉及了发展基础、区位与资源禀赋、经济结构、市场化与要素流动、区域经济政策、技术与制度创新等因素。

1.2.2.2 经济收敛性研究

在分析经济差异时空演变的基础上通过构建截面或面板回归模型检验经济收敛性成为较多文献很自然的选择。相关研究文献认为改革开放以来我国区域经济存在不同程度的收敛特征。魏后凯(1997)的研究表明1978—1992年我国低收入地区与高收入地区的人均国民收入趋于收敛[52]。刘强(2001)认为尽管我国地区间经济增长在1981—1998年存在明显的阶段性和区域收敛性，但新古典的经济增长收敛机制并没有起作用[53]。沈坤荣等(2002)认为1978—1999年我国地区间经济同时存在着显著的俱乐部收敛特征和条件收敛特征[54]。王志刚(2004)研究发现1979—1999年我国不同地区经济出现了不同的收敛现象[55]。刘生龙等(2009)的实证研究结果表明，西部大开发战略的实施使得2000—2007年该地区年均经济增长率上升了大约1.5个百分点，从而促使我国区域经济从趋异转向收敛[56]。董雪兵等(2020)研究发现1978—2017年我国全域经济经历了“收敛—发散—收敛”的变化过程，其中“四大板块”间经济逐渐收敛[57]。

当然，也有相关文献的研究结论认为我国区域经济不仅没有出现收敛，反而存在着发散特征。刘夏明等(2004)基于基尼系数分解的研究结果表明1980—2001年我国各地区内部不存在俱乐部收敛[58]。周亚虹等

(2009)研究发现1978—2006年我国经济处于加速增长的发散状态，尽管富裕地区的经济逐渐向收敛状态过渡，但相对落后地区却存在较为明显的发散现象[59]。朱国忠等(2014)认为1952—2008年我国各省的人均生产总值总体上不存在收敛性[60]。朱建平等(2021)基于2000—2018年的季度数据研究发现我国省际经济周期包括发散与收敛并存、逐步收敛、急速发散三个阶段，总体上表现出先收敛后发散的U型变化特征[61]。

随着经济发展水平的提高以及经济联系的逐渐增强，区域经济之间存在着不同程度的空间自相关性，有研究文献在考察区域经济收敛性的同时考虑了空间相互作用的影响。林光平等(2006)的研究结果表明考虑空间相关性后我国1978—2002年的地区经济存在σ收敛[62]。潘文卿(2010)认为纳入省际关联效应后我国经济在1978—2007年存在着全域范围内的绝对β收敛特征[63]。洪国志等(2010)应用空间计量分析方法证明1990—2007年我国240个地级城市经济存在着绝对β收敛[64]。何雄浪等(2013)研究发现空间相关性已成为影响经济增长的重要因素之一，尽管考虑空间相关性后我国经济在1953—2010年不存在绝对收敛性，但却存在条件收敛性[65]。

1.2.3 兰州—西宁地区相关研究

1.2.3.1 研究概况

相对于其他国家重点开发区域而言，兰州—西宁地区的研究文献数量偏少，截至2022年底中国知网中以“兰州—西宁地区”“兰州—西宁城市群”“兰州—西宁城市区域”“兰州—西宁城镇密集区”等为检索主题的文献不足300篇，其中期刊文献不足200篇。剔除重复文献及非经济方面的研究文献后，被当年核心期刊①收录的研究文献仅有百篇左右。从相关研究

① 包括中文核心期刊目录、中文社会科学引文索引(CSSCI)和中国科学引文数据库(CSCD)三大类。

文献的年度分布情况来看，最早的相关研究文献出现在2004年；而从变化趋势来看，2008—2014年和2018—2022年发表的研究文献数量相对较多，在这两个时期国家恰好发布了《全国主体功能区规划》和《兰州—西宁城市群发展规划》，说明对兰州—西宁地区经济社会发展的关注与研究受国家相关政策的影响较大。

从相关文献第一作者单位的分布情况可以发现，西北师范大学和兰州大学居前两位，其余高校或研究机构相对较少，大多为1~2篇，呈现出“高集中度”的特点，一定程度上表明兰州—西宁地区在国家区域经济格局中的地位与作用尚未引起学术界的广泛关注。当然，兰州—西宁地区所在地的研究机构和研究者开展相应研究是相对比较有优势的。比较而言，青海省的相关科研、教学机构对兰州—西宁地区的关注度偏低，仅有少部分学者分析了该地区的经济效率问题和区域经济合作问题[66-67]，其他学者更多的是从省内战略出发关注青海东部城市群的建设问题(薛成有，2011；李勇，2013)[68-69]。

从研究主题来看，主要涉及人口空间分布及其影响因素研究[70-73]、区域整合及经济空间格局研究[74-81]、城镇规模与城镇体系研究[82-84]、产业发展研究[85-86]、交通通达度研究[87-90]、城镇化发展的环境效应[91]以及城镇化与资源环境承载力的协调发展[92]等主题。同时，相关研究也对地形、资源禀赋、发展政策等方面的差异和省际毗邻地区的特征，以及兰州—西宁地区的内部经济差异给予了相应关注。这些研究为深入了解兰州—西宁地区的人口、经济和社会发展状况提供了参考和借鉴。

1.2.3.2 经济差异与收敛性研究

经济差异是与经济社会发展相伴随的一种现象，兰州—西宁地区亦不例外。相关文献主要从经济发展水平、经济效率等角度分析了该地区经济差异的演变及其影响因素，并对经济收敛性进行检验判断。

1. 经济发展水平差异及其影响因素研究

关于兰州—西宁地区经济发展水平差异的研究基本上都是从县域尺度

出发，在构建指标体系计算县域经济发展水平指数的基础上，借助 GIS 技术分析其空间分布状况及其可能的影响因素(张志斌等，2011；白永平等，2011；张宇硕等，2011；李丁等，2013)[93-96]。概括而言有如下特征：①研究的县域单元数量为 41~42 个，且均倾向于将兰州市和西宁市的主城区进行合并分析，参与实际分析的县域单元数量为 35~36 个。②构建的指标体系仅包括人均 GDP、经济增长速度、城市化率、非农产业比重、人均固定资产投资、人均社会消费品零售总额等 12 项经济指标；由指标体系计算县域经济发展水平指标时多采用因子分析和主成分分析等方法，且研究数据采用 1995—2011 年代表性年份的横截面数据。③基于横截面数据及空间自相关分析，该地区的县域经济差异在研究期内虽然较为显著，但却有减小的趋势，空间差异上则呈现出“南北分异”与“东西分异”并存的特征。④产业结构、集聚效应和边界效应是该地区经济差异演变的可能影响因素。

2. 经济效率差异及其影响因素研究

效率是经济学研究的核心问题，提升经济效率是推动经济实现高质量发展的重要保障。关于兰州—西宁地区经济效率差异的研究均从县域尺度出发，在应用 DEA 方法测算经济效率或绿色经济效率的基础上，借助空间回归模型或者 Tobit 模型探讨其影响因素(高新才等，2018；马志超等，2022)[66,97]。具体而言：①相关研究在测算经济效率时应用了超效率 SBM 模型，选取劳动力和固定资产投资为投入指标、地区生产总值和地方财政收入为产出指标；而在测算绿色经济效率时则应用了超效率 SBM-ML 模型，且在考虑产出时选取了 $PM_{2.5}$ 作为非期望产出指标。尽管指标选取和测度模型有差异，但是研究期内兰州—西宁地区的经济效率和绿色经济效率总体上均呈现上升的态势。②基于空间误差模型的结果表明，产业结构高级化、经济发展水平提高有利于提高该地区的经济效率，而城镇化水平与经济效率之间则存在 U 型关系；基于 Tobit 模型的研究结果表明第三产业发展有利于提高该地区绿色经济效率，而人力资本水平、消费水平对绿色经济效率存在不同程度的抑制作用。

3. 经济收敛性研究

目前很少有文献分析兰州—西宁地区的经济收敛性问题。张志斌等(2013)分析兰州—西宁城镇密集区 2000—2010 年的人均 GDP 指标和劳动 GDP 指标的收敛趋势，结果表明该地区县域间经济存在微弱的 σ 收敛趋势和每年 2%收敛速度的绝对 β 收敛趋势，而城市间经济存在新古典主义与新增长理论两种收敛机制[98]。贾卓等(2022)在测度 2010—2018 年兰西城市群环境规制效率的基础上，发现该地区的环境规制效率存在空间收敛性，经济发展水平、政府干预、人口密度和工业化程度等因素有利于促进空间收敛性，而能源强度则对空间收敛性起到抑制作用[99]。

1.2.4 文献述评

由于区域经济差异是世界各国经济发展过程中面临的一个普遍性问题，因而在分析区域经济差异演变及其影响因素的基础上如何缩小区域经济差异也就成为学术界和政策制定者普遍关注的问题。然而，由于相关研究所选取的区域样本以及时间跨度不同，对于经济差异演变趋势得出了不同甚至相反的结论。因此，分析特定区域在特定时期的经济差异演变趋势及可能影响因素确有其价值。与此同时，国内文献基于地带、省域、市域和县域等多空间尺度对我国不同时期的经济差异展开了经验研究，但基于县域尺度的研究区域多集中在经济较为发达的地区，欠发达地区特别是其中的省际毗邻区域相关研究偏少。事实上，欠发达地区省际毗邻区域的经济差异问题相对更为复杂，更加值得关注。

就兰州—西宁地区相关研究而言，现有研究为了解该地区经济社会的发展状况提供了很好的参考与借鉴。当然，这些研究还存在以下不足：第一，现有文献对兰州—西宁地区空间范围的界定没有达成一致意见，主要是从地理环境因素或者政策因素确定研究区域，而这些因素与研究者的主观认知存在着较为密切的关系。对于经济区建设或者城市群发展而言，其空间范畴需要综合考虑地理、文化、经济以及政策等多方面因素，这样既能与当地经济社会的实际相符，又能为区域发展战略服务。第二，尽管有部分文献关注到了兰州—西宁地区的经济差异问题，但其时间尺度已不能完全反映该地区经济社会发展现状；对经济差异变化的分析大多采用截面数据，割裂了变化过程的连续性，一定程度上造成了时间过程分析和空间格局分析的分离。第三，现有文献在评价兰州—西宁地区经济差异时多考虑纯经济指标，忽视经济绩效以及环境指标。在我国经济进入高质量发展阶段后，区域经济发展评价既要考虑相关经济总量、结构指标，也要考虑经济效率、环境效应以及反映人民群众获得感等方面的指标。第四，分析兰州—西宁地区经济差异的文献较少进行收敛性检验，且对其影响因素的分析多采用定性评价，定量分析较为欠缺。

1.3 技术路线与研究内容

围绕研究主题，在回顾相关理论的基础上，遵循“发展现状—差异演变—收敛性检验—驱动因子识别”的逻辑展开实证研究并从四个方面构建研究框架(见图 1-3)。具体安排是：第一部分是在介绍选题背景与意义以及理论回顾、文献综述的基础上提出本书的研究问题；第二部分是在界定研究区域空间范围的基础上介绍研究区域的资源禀赋状况、经济发展特征以及面临的挑战；第三部分为实证分析，从县域尺度出发，综合应用经济学、统计学和地理学等科学的研究方法分析兰州—西宁地区经济差异时空演变特征、经济收敛性以及经济差异的可能影响因素；第四部分则是在前文研究的基础上总结提炼研究结论、政策启示以及进一步研究的方向。

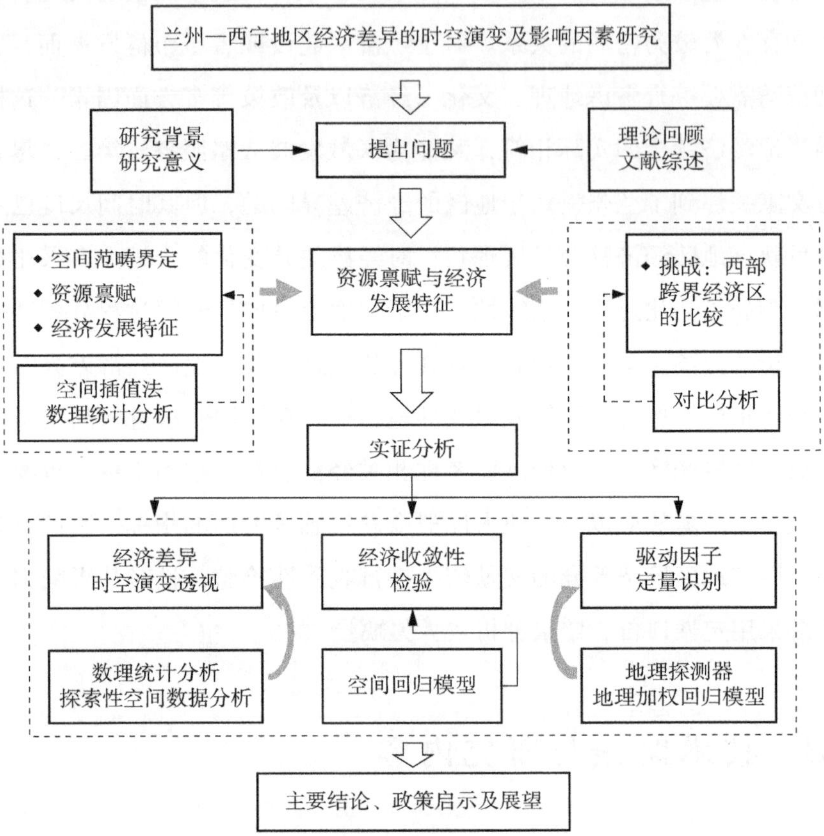

图 1-3 技术路线

1.4 研究方法与数据来源

1.4.1 研究方法

1.4.1.1 文献研究法

通过梳理国内外的相关研究文献，在界定经济差异、经济收敛性等基本概念的基础上，综述了本书的理论基础、经济差异及收敛性研究现状、兰州—西宁地区研究现状，从而为兰州—西宁地区经济差异演变及收敛性特征检验的研究奠定基础。同时，通过查阅《青海年鉴》《甘肃年鉴》《兰州年鉴》《西宁统计年鉴》等资料归纳整理了兰州—西宁地区行政区划及城镇体系的演变过程，从“历史—现在—未来”的角度了解该地区发展的历史脉络及趋势。

1.4.1.2 实地调研与访谈

为满足研究需要，借助参与编制临夏州县域经济规划以及相关课题调研的机会，先后前往临夏州的临夏市、临夏县，西宁市湟中区、湟源县，海北州的海晏县、门源县，海南州的共和县，黄南州的同仁市以及海东市的乐都区、民和县等地收集各州(县)的统计资料与数据。在此基础上，结合《中国县域统计年鉴》《青海统计年鉴》《甘肃发展年鉴》，以及西宁市、兰州市、白银市和定西市等统计部门发布的资料，初步构建了县域尺度下兰州—西宁地区经济社会发展的数据库，为本书以及今后的深入研究创造了条件。

与此同时，在实地调研时还访谈了部分当地政府工作人员、社区(村)干部、居民，了解当地人对经济社会发展的认知及期待，并以此检验逻辑推理的合理性。

1.4.1.3 实证分析与规范分析

以相关数据和资料为基础，借助数理统计方法和空间统计方法对兰州—西宁地区的资源禀赋状况、人口与经济发展现状、县域经济差异的时空演变及驱动因子等进行客观描述与分析，并结合经济学理论给予相应的评价与判断。与此同时，应用数理统计方法和计量经济学模型对兰州—西宁地区的经济收敛性特征进行检验，并得出相应的检验结论。

1.4.2 研究时限与数据来源

遵循全面性、真实性、可获性的原则，在统计口径相一致的基础上将研究时限扩大，尽可能回溯到有相关数据的最早年份和延伸到最近年份。因此，县域单指标数据的分析时限为2000—2020年，综合指数数据的分析时限为2010—2020年。

若无特别说明，本书中经济指标的数据主要来源于相应年份的《中国县域统计年鉴》《青海统计年鉴》和《甘肃发展年鉴》；上述年鉴中缺少的指标数据通过中国各地区统计年鉴及各市(州)的统计年鉴、统计资料汇编以及政府工作报告来补充完善。人口指标数据来源于《中国2000年人口普查分县资料》《中国2010年人口普查分县资料》以及各市(州)、县的第七次全国人口普查主要数据公报等。专业领域的数据则来自两省以及各市(州)的土地利用总体规划、水资源公报以及实地调研时相关部门提供的数据及相应资料。地图底图数据来源于1∶400万的国家基础地理信息数据。

1.4.3 名义价值与实际价值

衡量经济发展水平的许多变量是用货币来计量的，这些变量的变动由数量变动、价格变动或者数量和价格同时变动造成。为了剔除价格因素的影响，通常需要将按照当期价格计算的名义价值换算为按照基期价格计算的实际价值[100-101]。然而，基于价格指数计算实际价值的方法虽然能够有效地剔除价格变动产生的影响，但是却依然存在缺陷，即如果假定某一年为基期，始终用基期价格来计算其他年份的实际价值，那么随着时间的推移，产品之间相对价格的变化幅度会不断增大，继续使用陈旧过时的基期价格计算当前时期的实际价值会使结果严重失真(韩立岩等，2022)[102]。基于此，基期的选择不宜离报告期太远(张晓峒，2009)[103]。与此同时，地区生产总值、固定资产投资总额、消费品零售总额等经济变量应采用不同的价格指数，但在实际工作中由于县级统计价格体系不完善以及统计部门处理相关信息的能力不一样，大都更愿意公布基于现价计算的各变量名义价值。

尽管有研究文献认为按照可比价或按照当年价计算经济指标值对地区差异的测度影响不大[104-106]，但这可能是因为仅采取同一价格指数处理不同地区的经济变量，且仅考虑经济变量的相对地区差异所致。事实上，由于地理位置等多种因素的综合影响，不同地区的价格指数存在着较为显著的差异。统计数据显示，2000—2021年全国、甘肃省、青海省按照GDP

平减指数计算的年通货膨胀率差异明显(见图 1-4)①。

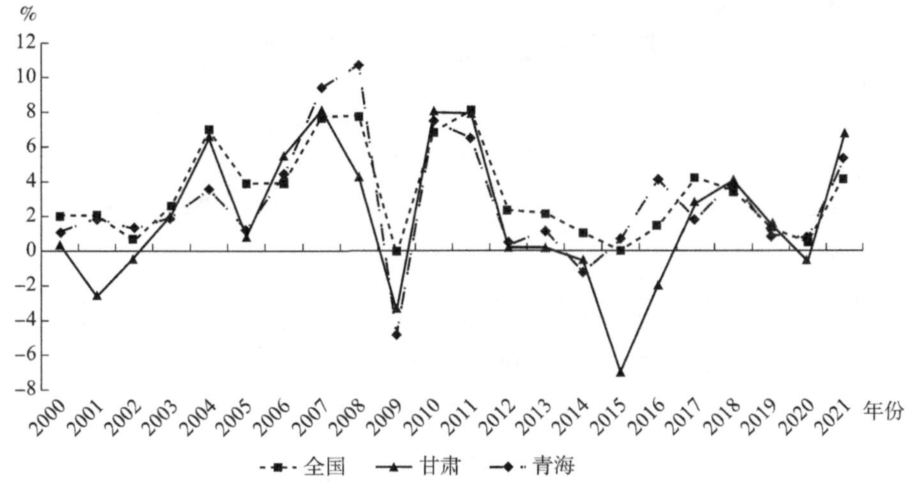

图 1-4 2000—2021 年全国与甘肃、青海两省的年通货膨胀率变化情况

于是，本书期望在数据质量优先的前提下尽可能地减少价格因素的影响，综合考虑数据的可获得性和可比性，以兰州—西宁地区各县域单元 GDP 平减指数为基础，将以当年价格水平计算的相关经济变量名义价值换算为以 2010 年为基期的实际价值。构建 GDP 平减指数时采用以下方法：统计年鉴或者县级统计资料汇编中通常有该县域单元当年的名义生产总值和按照不变价格计算的生产总值指数两类数据，那么选定某一年份为基期后可根据生产总值指数计算得出实际生产总值，而名义生产总值与实际生产总值的比值即为相应的 GDP 平减指数。

$$GDP\text{平减指数}=\text{名义 }GDP/\text{实际 }GDP \tag{1-1}$$

参照上述方法，以 2010 年为基期可计算得出县域尺度下兰州—西宁地区 2010—2020 年的名义人均 GDP 与实际人均 GDP 的变异系数(见图 1-5)。

① 数据来源：全国数据来自世界银行数据库，https://data.worldbank.org.cn/indicator/NY.GDP.DEFL.KD.ZG?locations=CN；甘肃和青海两省的数据则根据《甘肃发展年鉴》(2022)、《青海统计年鉴》(2022)相关数据计算而得。

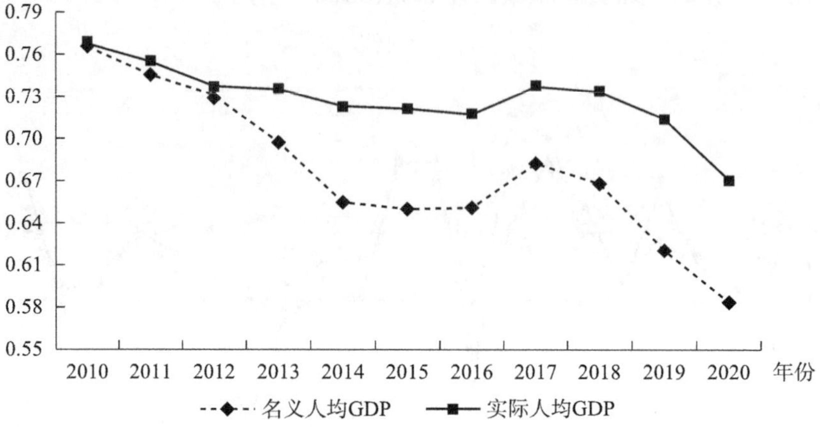

图 1-5　2010—2020 年兰州—西宁地区名义与实际人均 GDP 的变异系数比较

比较发现，尽管两者的变化趋势基本一致，但是名义人均 GDP 的变异系数明显低于实际人均 GDP，这说明价格因素在一定程度上会掩盖经济差异程度，进而影响人们对经济差异的判断。因此，将名义变量转变为实际变量来考察经济差异状况是有必要的。

1.5　可能的创新之处

第一，从区域利益出发，抓住政府主导经济发展这一特质，结合地方政府自下而上的发展需求和中央政府自上而下的政策供给分析经济区形成的主要机理，并将区域经济差异纳入区域经济关系的分析范畴。

第二，中国地域辽阔，地区资源禀赋与区位条件迥异，存在着诸多具有特定经济发展特征的区域。从地理角度来看，兰州—西宁地区位于我国第一阶梯和第二阶梯的过渡地带，既是青藏高原与黄土高原、甘青两省的交界地区，也是半湿润和半干旱地区的分界(400 毫米降水量)地区；从人文角度来看，兰州—西宁地区不仅是中原农耕文化与草原游牧文化交融的节点地区，而且是我国多民族聚居和民族互嵌式社会结构最为典型的地区之一；从经济角度来看，兰州—西宁地区既是“胡焕庸线”西北侧经济活动的高密度地区之一，也是国家在黄河上游区域规划建设的重要城市群地区，在支撑西北地区发展、优化国土空间开发格局和促进向西开放中具有重要的地位和作用。简而言之，兰州—西宁地区既具有一般经济社会发展的共同特征，又具有鲜明的地域特色。因而，有必要从县域尺度出发对该地区的经济差异及收敛性进行研究，从而有助于更加深入地了解我国复杂的区域经济差异及收敛状况。

第三，基于泛克里金空间插值法以及国家战略安排、甘青两省区域发展规划等，较为合理地明确了兰州—西宁地区的空间范畴，并在研究过程中系统地收集和整理了该地区县域尺度长时间的统计数据与资料，初步建立了包括人口、经济和社会发展等信息在内的数据库，以数据库为基础开展较为全面系统的研究。同时，在构建指标体系时，不仅纳入了夜间灯光数据，而且综合考虑了经济发展对生态环境的影响，纳入了县域 CO_2 排放量与县城废水排放量两个指标，以期更为真实、全面地反映兰州—西宁地区的经济发展水平、绩效及其空间差异。此外，考虑了县域单元之间空间自相关性的影响，能够相对更为准确地反映该地区县域经济差异的时空演变特征及收敛条件。

第2章

相关概念与理论基础

2.1 概念厘定

2.1.1 区域经济差异

《现代汉语辞海》中对“差异”内涵的界定为“差别”，即“事物之间的不同”[107]。区域差异是指区域之间在自然条件、社会环境、经济发展以及文化背景等方面的差别。它既是不同区域形成各自特点的基础，也是区域间产业分工与合作的前提。因此，区域差异仅仅是一个具有描述性意义的中性概念，不包含人们的主观价值判断[108]。

区域经济差异是区域差异的重要组成部分，是区域差异在经济维度的表现。由于资源禀赋、区位条件、发展基础以及支持政策的不同，区域内部行政单元或地域单元之间在经济实力、经济增长速度、经济发展水平和生活水平等方面存在不平等、不平衡状况。经济发展的根本目的是不断满足居民对美好生活的需要，因此，经济发展水平以及居民收入的差异便成为经济差异研究的重要内容。

2.1.2 收敛性

《现代汉语辞海》中对“收敛”一词的解释为“减弱或者消失”。按照经典的新古典经济学模型[109-110]，收敛性是指在要素边际报酬递减规律的约束下，从长期来看，发达国家或地区终将被相对落后的国家或地区赶上，这就是“经济收敛假说”。从统计学意义上来说，收敛性是指一个经济体的经济增长率与其初始人均收入存在一种负相关关系，即初始人均收入水平越低的经济体经济增长率越高，而初始人均收入水平越高的经济体经济增长率越低。

在经济学理论中存在着绝对β收敛、条件β收敛、σ收敛和俱乐部收敛四类概念。如果贫困经济体的经济能够比富裕经济体更快地增长则存在绝对β收敛；不过，绝对β收敛内含一个关键性假设，即不同经济发展水平的经济体之间的差异仅体现在初始资本存量上，而其他基本经济条件则完全相同。当放弃这一假设条件，控制影响经济增长的其他因素后，仍存在收敛，则为条件β收敛。σ收敛是指在不同的经济体中，人均收入水平的标准差随着时间推移逐渐缩小。俱乐部收敛是指经济基本特征相似且初始人均收入水平也大致相同的经济体的经济在长期中相互收敛。

2.1.3 县域

《现代汉语辞海》中对“县”的解释是“我国行政区划单位，在地区、自治州、直辖市以下，乡、镇以上”。在实践中，县级行政单元是一个以行政等级为基础的地域范畴，包括市辖区、县级市、县、自治县、旗、自治旗、林区和特区。本书将县域视为一种空间研究尺度，结合兰州—西宁地区的实际，主要包括市辖区、县级市、县和自治县四类。

2.2 理论基础

2.2.1 区域经济差异理论

2.2.1.1 增长极理论

增长极概念最早由法国经济学家佩鲁（F. Perroux，1950）提出[111]。就其本义而言，增长极是指推进型产业或企业，它们具有三个基本特征[112]：一是规模足够大，对整体经济发展有着显著的直接或间接影响；二是发展速度快；三是与其他产业或企业的联系强度和密度大。于是，当它们增加产出或增加产品与服务的购买时，可以提高其他产业的产出水平及购买能力。20 世纪 60 年代初，罗德文(L. Rodwin)在区域规划中首次应用了增长极理论，赋予其地理空间含义。随后布代维尔(J. B. boudeville，1966)在“区域发展极”概念的基础上，将增长极区分为由市场机制内生的增长极和由计划机制诱发的外生增长极[113]，这意味着可以通过市场机制和政府行为两种方式培育增长极，从而提高了增长极理论的应用价值。一般而言，增长极借助“极化效应”与“扩散效应”对一定的空间范围产生支配效应。所谓“极化效应”即增长极区域会以其既有的发展优势吸纳周边一定空间范围内的各种要素资源，促进自身经济发展的同时对周边地区的经济增长产生某种程度的排挤效应；所谓“扩散效应”，即达到一定发展阶段，增长极地区的要素资源流向周边地区，从而推动或带动这些区域发展。

2.2.1.2　核心—边缘理论

在增长极理论中，规模经济以及外部经济的规模报酬递增机制是极化效应产生的根源，而规模不经济则是扩散效应得以发生的原因。换而言之，市场机制是增长极产生极化效应和扩散效应的前提条件。然而，增长极区域率先发展并持续获得累积的优势，将会扩大区域间经济发展的差异，产生“地理上的二元结构”；美国经济学家赫希曼(Hishchman，1958)亦指出：“经济进步不可能在所有地方同时出现，而且它一旦出现，强有力的因素必然使经济增长集中在起点附近发生。”[114] 这意味着在市场机制的作用下，极化效应总是先于或者大于扩散效应，且在相当长时期内极化效应将居于主导地位，进而导致增长极周边地区成为经济增长的边缘区。在此基础上，美国区域发展与规划专家弗里德曼(J. Friedman，1966)系统地提出了“核心—边缘”理论[115]。该理论认为，任何空间系统均由核心区和边缘区组成，特定空间系统中的城市或者创新变革中心是核心区，其他地区属于边缘区；核心区在两者的关系中居于支配地位，并通过支配效应、信息效应、心理效应、现代化效应、连锁效应和生产效应六种反馈机制强化支配地位。“核心—边缘”理论的重要价值在于其将区域空间结构关系与经济发展阶段相联系，认为核心区的形成机制、核心区与边缘区的关系在前工业化阶段、工业化初期阶段、工业化成熟阶段和空间相对均衡阶段(后工业化阶段)会有所不同。

2.2.1.3 循环累积因果理论

阿林·杨格(Allyn Young，1928)在斯密“劳动分工受到市场广度限制”观点的基础上提出了“市场广度可以因产品成本下降而扩张”的观点[116]，并进一步提出了循环累积因果关系的初步思想，即产品成本因劳动分工的深化而下降并且劳动分工受到市场广度的限制，而市场广度因产品价格的下降而扩展，从而引发进一步的分工深化与成本下降。

瑞典经济学家缪尔达尔(Myrdal，1957)在《经济理论与不发达地区》一书中将循环累积因果思想系统化，认为事物的发展是一个“循环累积”、不断演进的过程，并借助回波效应和扩散效应两种机制将循环累积因果理论应用于区域经济发展的分析中[117]。他认为一些先天条件较好的区域将比其他区域先发展起来，同时它们会因先发优势而不断地聚集有利因素，并进一步推动经济发展，于是区域内部就分化成发达区域和落后地区。发达区域因为连续累积的竞争优势吸引资源不断流入而发展得更快，落后地区由于资源流失造成的不利因素逐渐积累而发展得更慢，从而拉大了区域之间的差距，形成了地理空间上的“二元结构”[109]。

卡尔多(Kaldor，1970)继承并发展了缪尔达尔的思想，采用相对效率工资概念来解释循环累积因果效应[118]。卡尔多认为，一个区域的相对效率工资越低，那么该区域的经济增长率越高。一国范围内，由于各个区域的货币工资水平及其增长率相同，发达地区因集聚经济带来的规模报酬递增使得其产出增长率和生产力增长率提高，致使相对效率工资下降，并导致区域产出增长率的进一步提高。这种循环累积的效应将推动发达地区经济实现更快速度的增长，从而扩大区际经济差异。

2.2.1.4 库兹涅茨曲线

Kuznets(1955，1963)的研究发现，收入差异随着经济发展水平的提高将呈现出先扩大后缩小的变化趋势，即类似于倒U型的变化轨迹[119-120]。在此基础上，Williamson(1965)使用1949—1961年欧洲、美洲及亚洲24个国家的相对人均收入数据探讨了区域不平衡与国家经济增长的关系，研究发现，随着经济发展水平的提高，区域不平衡的程度呈倒U型变化，并在中等收入处达到顶峰[121]；与此同时，他认为区域不平衡程度之所以出现倒U型变化，与要素在区域间的流动、全国要素市场的形成以及中央政府的政策有关，在这些因素的综合影响下如果区域差异呈现出缩小趋势，就会出现累积效应，使得区域经济趋于收敛。日本学者速水佑次郎(1995)基于20世纪七八十年代19个国家的基尼系数和对应于1990年的人均生产总值绘制了双对数图形，图形表现为平滑的钟形，数据的二次拟合程度很高，并进一步指出人均生产总值2000~3000美元是经济由扩散到收敛的拐点[122]。由倒U型理论可知，经济活动的空间集聚是经济发展初期不可避免的现象，但由此导致的区域差异将随着经济发展成熟而最终消失[123]。

综合来看，增长极理论、核心—边缘理论以及循环累积因果理论从空间结构与区域经济角度揭示了区域经济差异产生及演变的可能原因，而倒U型理论则是揭示了区域经济差异演变的某种规律性趋势。尽管这些理论都是以市场经济环境作为分析前提，认为市场机制是产生区域经济差异和导致其变化的根本原因，但是也不否认政府在区域经济差异演变过程中的重要作用。从兰州—西宁地区的空间结构及发展阶段来看，上述理论在解释其经济差异产生的原因及演变规律方面具有较好的适用性。

2.2.2 区际分工理论

2.2.2.1 古典区际分工理论

斯密(A. Smith, 1776)在《国民财富的性质和原因的研究》一书中提出了绝对优势理论，并将其视为解释国际劳动分工与国际贸易的基础。该理论的基本思想是：每个国家都有适于生产某些特定产品的绝对低下和绝对有利的生产条件，倘若每个国家和地区都根据“绝对有利的生产条件”进行专业化生产，然后，彼此通过贸易进行交换，将使各个国家和地区的要素资源得到最有效的利用，进而促进劳动效率提高和社会财富增加。简而言之，生产成本上的绝对差异是产生分工与贸易的基础。由此形成的分工原则就是：如果其他国家生产某种产品的成本较本国低，本国就不应生产这种产品，而是输出本国生产成本较低的产品与其他国家进行交换，于是产生了劳动的地域分工。

绝对优势理论暗含的重要假设之一便是参与贸易的国家或地区均有一个处于绝对优势的生产部门，然而现实的经济生活中部分国家(或地区)所有生产部门均可能处于绝对劣势地位，那么它们又将如何参与分工与贸易呢？李嘉图(D. Ricardo, 1817)在《政治经济学及赋税原理》一书中提出了比较优势理论。该理论的基本逻辑是：各个国家或地区均应比较分析自身的优势或劣势，按照“两优取其重，两劣取其轻”原则，在现有约束条件下更有效、更节约地分配要素资源，从而形成合理的、最有利于自已的生产要素配置和生产力布局，实现以最小要素资源消耗获得经济效益的最大化。简而言之，各个国家或地区应将要素资源配置在具有相对优势的部门生产产品，借助分工和贸易完成彼此间的互补，从而提高资源利用效率，改善贸易双方的福利状况。

2.2.2.2 要素禀赋理论

要素禀赋理论是新古典贸易理论中最具代表性的理论。在比较优势理论中，由于假定劳动是唯一生产要素，那么比较优势产生的唯一原因便是劳动生产率的差异。然而，劳动生产率的差异并不足以解释分工与贸易产生的全部原因，因为分工与贸易形成还与各个国家（或地区）的资源禀赋有关。瑞典经济学家赫克歇尔（E. Heckscher，1919）在《对外贸易对收入分配的影响》一文中提出了要素禀赋论的基本论点。俄林（B. C. Ohlin，1933）继承了赫克歇尔的观点，在《地区间贸易与国际贸易》一书中创立了要素禀赋论，而后该理论得到萨缪尔森等学者的不断完善（见表 2-1）。该理论的基本思想是：以新古典经济学作为地域分工和国际贸易理论的基础，认为生产要素禀赋差异是产生分工与贸易的主要原因。其中，国内要素价格的差异产生国内劳动地域分工和区际贸易，而各国间要素价格的差异产生国际分工和国际贸易[109]。换而言之，国家或地区之间在贸易前的要素禀赋不同导致了产品供给能力有差异，进而引起产品相对价格的不同，于是根据比较优势原理，各个国家或地区应密集使用其丰富的要素生产产品。

表 2-1　赫克歇尔—俄林理论的推论

推论	主要内容或结论
斯托尔帕—萨缪尔森定理	征收关税会影响生产要素间的收入分配（Stolper and Samuelson，1941）
要素价格均等化定理	在一定前提条件下自由贸易将使贸易双方的相对和绝对要素价格趋于相等（Samuelson，1948）
雷布津斯基定理	若一国由于各种原因使得特定生产要素的价格增加，则该国密集使用该生产要素的商品数量及出口量会由此增加（Rybozinski，1955）

资料来源：魏后凯．现代区域经济学（修订版）[M]．北京：经济管理出版社，2011.

由区域经济学的三大理论基石“生产要素的不完全流动性、生产要素的不完全可分性、产品与劳务的不完全流动性”可知[124]，尽管区域之间存在着资源禀赋的差异，但也不会因此脱离彼此而孤立存在，反而会在空间上表现出一定程度的产业分工与经济关系特征。这意味着古典区际分工理论蕴含着区域协调发展的思想，“如果由于更好地安排劳动，使不同资源禀赋的各空间范围都能生产与其位置、气候和其他自然或人为便利条件相适应的商品，并用之与其他地区的商品相交换，因而能使享受得到增进，其意义就和我们享受由于利润率的提高而得到增进是完全一样的”[125]。这说明资源禀赋虽然是形成区域经济差异的原因，却也是产生劳动地域分工和区域经济合作的基础。通过分工与合作不仅能够在一定程度上缓解资源的稀缺性，提高资源配置效率，而且能够密切区际经济联系，改善区域福利状况，为缩小区域经济差异创造条件。

2.2.3 区域合作理论

2.2.3.1 博弈论

博弈论是分析存在相互依赖情况下理性人如何决策的理论工具（Aumam and Han，1992；张维迎，2014[126]）。在区域经济发展过程中，一个区域的经济行为不仅受到本区域内资源禀赋的约束，而且还受到其他区域决策的影响，在强调区域开放时，这种趋势愈加明显。博弈论可以为区域经济合作提供分析框架。

博弈论中通常用“合作困境”来描述个体理性和集体理性发生矛盾的情况。为简单起见，假定区域经济合作中仅有甲和乙两个参与者，每一参与者均有与对方合作或不合作两个选择（见表 2-2）。

表 2-2 合作困境

甲	乙	
	合作	不合作
合作	R，R	H，P
不合作	P，H	L，L

要想使该矩阵能描述“合作困境”需要满足两个条件：

$$\begin{cases} P>R>L>H \\ R+R>P+H \end{cases} \tag{2-1}$$

即对于甲、乙两个参与者而言，选择结果的理想程度由高到低依次是：①对方合作自己不合作；②双方都合作；③双方都不合作；④自己合作对方不合作。显然，选择不合作是基于个体理性，选择合作是基于集体理性。尽管选择合作能够给双方带来合作红利，但从个体理性出发双方均会选择不合作。

为解决“合作困境”问题，相应的制度设计与安排尤为重要。比如甲、乙双方在开展区域经济合作之前达成协议并且该协议能够得到有效执行，协议规定不合作的一方将受到相应的惩罚，惩罚支付为 C，那么达成合作的目标就有可能出现(见表 2-3)，即只要惩罚支付 C 能够使得 $P-C<R$，甲、乙双方的理想选择就都将是“合作”。这表明达成有约束力的协议就有可能解决个体理性和集体理性之间的矛盾。当然，这一分析是建立在一次博弈基础之上的。

表 2-3 奖惩约束下的合作选择

甲	乙	
	合作	不合作
合作	R，R	H，$P-C$
不合作	$P-C$，H	$L-C$，$L-C$

当甲、乙双方的博弈演化为重复博弈时，从长期利益出发，合作对于每个参与者而言可能就是最好的选择。因为当重复博弈时，参与合作的一方对另一方过去的行为拥有较为完全的信息，在“针锋相对战略”(tit-for-tat strategy)和“触发战略”(trigger strategy)的约束下，既能满足个体理性又能保证合作结果的出现。这也就意味着此时甲、乙双方的合作无须借助协议等形式也能实现。总而言之，从本质上来看，博弈论讨论的是参与人之间的关系问题(竞争或合作)，因而它在这方面与制度经济学“殊途同归”。

2.2.3.2 制度经济学

主流经济学强调竞争问题，而制度经济学比较关注合作问题。诺斯(C. North，1990)认为在非人际关系化交换形式(impersonal exchange)中，如果没有“合作”状态的出现，专业化和分工给人们带来的好处可能被过高的交易成本所抵消[127]。斯科菲尔德(N. Schofield, 1990)指出:"合作的根本性理论问题是,个人通过何种方式获得其他人的偏好和可能的行为。既然大家都需要了解各自的偏好及其战略,合作的问题就变成了提供共同知识(common knowledge)的问题。即在给定的环境下,一个当事人必须最少了解到有关当事人的信息和需求,以便能够形成一致的行为,并且这种知识可以传递给其他人。"[128]这里所指的"共同知识"是开展合作的基本条件,而制度的基本功能之一就是为合作提供"共同知识"。

与此同时,曼瑟尔·奥尔森(Mancur Olson, 1965)证明,在严格坚持经济学关于人及其行为的假定条件下,理性人都不会为集体的共同利益采取行动[129]。换而言之,在追求个人利益最大化时,并不能必然得出集体利益最大化的结论。在斯密"看不见的手"的原理中,当个人仅仅考虑自身利益时,集体理性的结果会自动产生,因为个人利益叠加则为集体利益;但是在某些情况下,不管个人如何精明地追求个人利益,集体的理性结果都不会出现,于是只能借助适当的制度安排才能求得有效的集体理性结果(卢现祥等, 2021)[130]。因为适当的制度安排通过一定的规则来减少不确定性,界定并限制了人们的选择集,从而为合作提供了一套框架,使得这样的合作具有可预见性和可信赖性。

区域利益是一切区域经济行为产生与发展的基础(张可云, 2001[131];魏后凯, 2011[108])。在区域合作中,每一个参与的行政区单元都是一个利益主体,在稀缺性和理性人的假设条件下,资源的稀缺性在导致区域利益冲突的同时,也迫使它们必须相互依赖才能获得资源稀缺性约束条件下的享受增进。制度不仅能够解决利益主体之间潜在的相互依赖性,而且能够为他们提供秩序和预测的可能性[132]。至此就可以确立将利益冲突转变为利益协调以及由此建立"秩序"的分析范式,相关利益主体之间也就形成了"冲突—依赖—秩序"的"关系链"(殷存毅, 2011)。由此,制度设计及其演化会创造一种合宜的环境,以有助于通过合作的方式来完成复杂的交换,从而促进区域经济发展以及区域间协调发展(见图 2-1)。

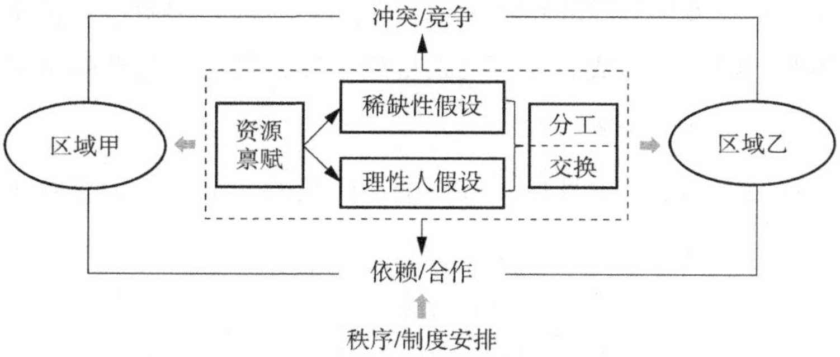

图 2-1　区域经济关系的两类基本形式

尽管区域经济差异具有“与生俱来”的特征，但是在经济区或城市群的培育发展过程中，倘若其内部经济差异过大或者分化严重，由此导致的异质性需求将在区域经济合作中展现为不同的利益诉求，进而侵蚀区域经济合作的基石。因此，需要借助制度来解决个体理性与集体理性的冲突，更要通过制度安排将区域经济关系转变为相互依赖基础上的竞争关系和互惠互利前提条件下的合作关系。

2.2.4　新古典增长理论

20 世纪 60 年代，经济增长理论主要由拉姆齐(Ramsey，1926)、索罗(Solow，1956)、斯旺(Swan，1956)、卡斯(Cass，1956)和库普曼斯(Koopmans，1956)建立的新古典模型组成，它的主要特征之一便是收敛性，即初始水平的真实人均 GDP 越低，模型预测的增长率越高[133]。新古典增长理论生产函数的基本形式为：

$$Y(t)=F[K(t),\ A(t)L(t)] \tag{2-2}$$

式(2-2)中包含产量 Y、资本 K、劳动 L 和技术水平 A 四个变量，AL 被称为有效劳动；t 表示时间。

该生产函数需要满足以下四个重要假设条件[108,134]：第一，忽略土地和其他资源对产出的作用，即认为资本、劳动和技术以外的要素投入是相对不重要的；第二，满足规模报酬不变的性质；第三，生产函数的二次可微，即要素投入为正且边际报酬递减；第四，满足稻田条件，该条件的性质可表述为，随着资本或劳动的投入量趋于零，资本或劳动的边际报酬趋于无穷大，反之则趋于零。

根据规模报酬不变的性质，可将生产函数的变量表示为相对于有效劳动投入量的人均量，即：

$$\frac{Y}{AL}=F\left(\frac{K}{AL},\ \frac{AL}{AL}\right)=F\left(\frac{K}{AL},\ 1\right) \tag{2-3}$$

$$y=f(k) \tag{2-4}$$

式(2-4)中，$y=Y/AL$，表示有效劳动平均的产出水平；$k=K/AL$，表示有效劳动平均的资本量。该表达式的含义为有效劳动的平均产出是有效劳动平均资本量的函数，即人均产出只与人均资本量有关，是人均资本量的函数。

在一个仅包含家庭部门和企业部门的两部门经济中，经济均衡的条件为：$I=S$，即投资或资本存量的增加等于储蓄。于是，在假定有效劳动增长率(n)、技术变化率(g)为外生参数，储蓄率(s)和折旧率(δ)既定的情况下，有效劳动的平均资本存量变化量可表示为：

$$\Delta k=sy-(n+g+\delta)k=sf(k)-(n+g+\delta)k \tag{2-5}$$

当$\Delta k=0$时，即图 2-2 中 A 点，$sf(k^*)=(n+g+\delta)k^*$时，经济增长达到了稳态。总而言之，新古典增长模型意味着，经济增长总是向某一个稳态收敛，而由于模型中各变量的增长率均为外生变量，故有效劳动平均的产出水平仅由技术变化率决定。

在不考虑技术变化的情况下，将式(2-5)两边同时乘以$1/k$，则可将等式左边表示为有效劳动平均资本存量的增长率γ_k，即：

$$\gamma_k=[sf(k)-(n+\delta)k]/k=sf(k)/k-(n+\delta) \tag{2-6}$$

也就是说，有效劳动平均资本存量的增长率为$sf(k)/k$与$(n+\delta)$之差。从图 2-3 来看，$sf(k)/k$是一条斜率为负的曲线，$(n+\delta)$是一条水平线，两者的交点对应着稳态，两者之间的距离代表增长率。可以证明，无论经济的初始状态如何，它们都将向稳态趋近[108]。由此可见，在基本经济特征完全相同的情况下，某个国家或地区有效劳动平均资本存量越低（$k(0)_L$），其增长率越高，而有效劳动平均资本存量越高的国家或地区（$k(0)_H$），其增长率越低，即不同国家或地区间经济存在着收敛的趋势。

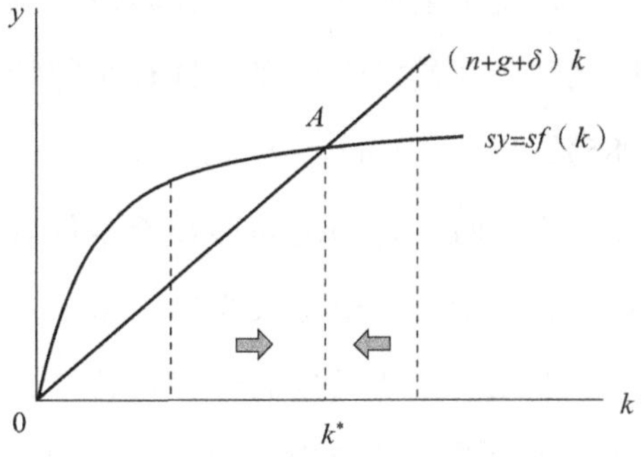

图 2-2 新古典经济增长模型

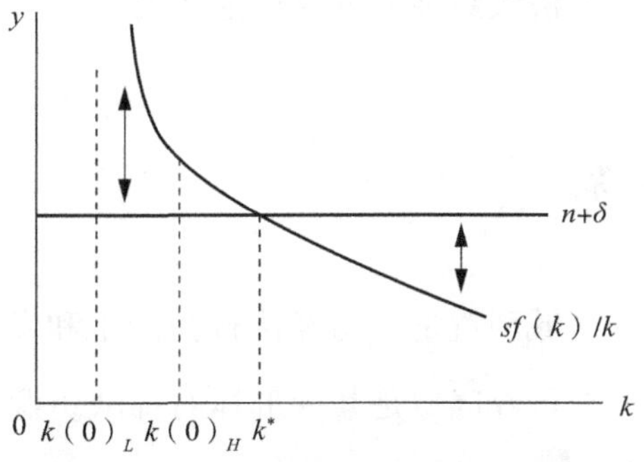

图 2-3 新古典经济增长的动态变化

当然，新古典模型也意味着，在要素能够完全自由流动的情况下，由于资本边际报酬的空间差异，导致资本流向资本存量较低的区域，促进了该区域资本的增长，不仅带动该区域经济增长，而且为区际差异趋于减小创造条件，故无须政府刻意制定旨在缩小区际差异的政策，市场这只“看不见的手”会把差异控制在不大的区间。

20 世纪 80 年代以后，经济增长相关研究文献颇为引人注目的部分就集中在检验经济增长的趋同假说上。如果所有经济体的基本经济特征相同，仅在初始人均资本量方面存在差异，那么在资本收益率递减规律的作用下，收敛性将在绝对意义上成立，即经济发展相对落后的经济体较发达经济体拥有更高的经济增长率。然而，如果经济体之间具有多方面的差异，那么收敛性仅在条件意义上成立。相关经验研究发现，趋同并没有发生在所有国家或地区之间，而是发生在那些具有相同特征或者稳态的经济体之间(Baumol，1985)[135]。当不同经济体之间具有不同稳态并考虑将影响稳态的因素作为控制变量时，它们之间存在着条件收敛。收敛之所以具有条件性是因为在新古典模型中，稳态人均资本水平及人均产出水平取决于储蓄倾向、人口增长率以及生产函数的位置等特征，而这些特征在不同的经济体之间会发生变化[133]。尽管为了更充分地理解经济增长的过程，经济学超越新古典增长模型，提出了内生增长理论等理论模型，但新古典增长理论依然是探讨经济收敛性的重要理论基础。

2.3 分析框架

诚如前文所述，区域利益是一切经济行为产生和发展的基础，而参与区域经济合作的每一个行政区域是某一群体对稀缺资源具有控制权的空间单元，亦即利益主体。从经济学的理论视角来看，“区域是相对独立的经济利益主体，每个区域都有自身的经济利益”[136]。在经济学理论中政府常被比喻为“看得见的手”，履行着宏观调控、推动经济发展和提供公共服务等多种职能，在经济社会发展中的作用不可或缺，是重要的利益主体之一①。

然而，现代国家的政府是一个由若干层级政府组成的科层结构，即包

① 在特定区域内，追逐利益的主体有多种，概括而言有个人、企业、集团、地方政府和中央政府。张可云．区域大战与区域经济关系[M]．北京：民主与建设出版社，2001：176.

括中央政府和多级地方政府。在区域经济发展中，地方政府角色的重要性不言而喻。地方政府无论是基于干部绩效考核的需要还是提供公共服务的需要，其职能偏好于推动经济发展。地方政府推动经济发展的首要之义便是立足区域的资源禀赋以及区位等条件，发挥绝对优势或比较优势融入地域分工体系。其次则是强化区际经济联系：若本区域发展相对滞后则需要中心地（中心城市等增长极）辐射带动发展；若本区域发展相对发达则需要拓展腹地。当然，随着城镇化水平的提高和区域中心城市规模的扩张，中心城市沿着“城市—都市圈—城市群”的路径发展也必然要求突破行政区划的限制加速与周边地区的融合。于是，具有自下而上自发性特征的经济区建设机制就会逐渐形成（见图 2-4）。

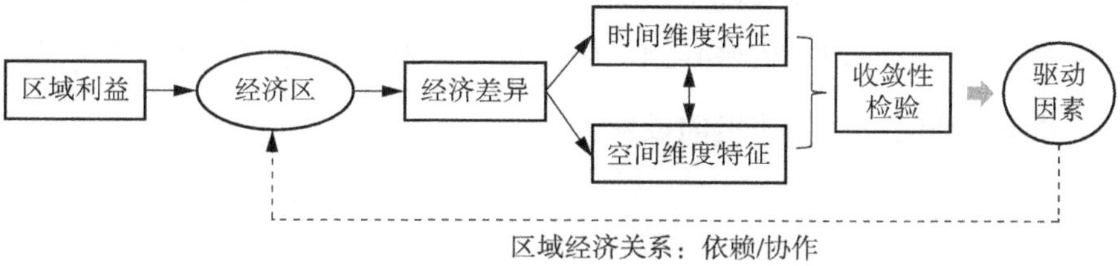

图 2-4　分析框架

中央政府在特定区域也会有其利益。出于国土空间开发、区域平衡发展以及生态环境保护等方面的需要，中央政府会设置不受行政区边界限制的经济区或者功能区，而这些经济区或者功能区通常均有相应的政策支持。于是，经济区建设便有了自上而下的政策供给。中央政府的政策供给与地方政府的发展需求相结合将推动经济区建设从构想逐渐走向实践，有助于经济区的培育与发展。

由于资源禀赋、发展基础与条件以及地理环境等多方面约束的不同，经济区各行政单元的发展水平、程度以及能力各异。地方政府作为本地区经济利益的主要代表，掌握着经济发展的决策权，区域经济差异的存在及变化将迫使地方政府不断调整经济行为以维护甚至扩大自身的经济利益，从而对区域经济关系产生不容忽视的影响。因此，关注内部经济差异、解决区域发展不平衡问题就成为经济区建设的核心任务之一。由此可见，经济区建设应把解决内部区域发展不平衡以增强经济合作凝聚力、实现各成员的协调与平衡发展作为主要目标，通常这个目标的实现就是经济区具有生命力和实现可持续发展的前提条件。那么，从时间和空间两个维度剖析经济区内部经济差异的演变特征及驱动因素也就成为必然要求。

从长期趋势来看，经济区内部落后地区均期望借助区域经济合作在经济发展水平、程度及能力等方面缩小与富裕地区的差异，甚至是能够追赶上富裕地区。否则，不同利益主体相互间发展不平衡的利益冲突及目标差异将导致在区域经济合作及经济区建设中的“合作困境”，并最终使区域经济合作以失败告终。因此，对区域经济差异的驱动因素进行识别有其必要性。在此基础上，可通过建立利益平衡或相应的激励约束机制，促进经济区各成员之间形成相互依赖基础上的竞争关系和互惠互利条件下的合作关系，进而推动经济区加速走向成熟。

第3章

兰州—西宁地区资源禀赋与经济发展特征

3.1 经济区的形成

3.1.1 自下而上的发展需求与探索

甘肃和青海两省地处内陆地区，经济发展水平相对滞后，2021年两省的人均生产总值分别为41046元和56398元，仅相当于全国人均生产总值的50.68%和69.65%①。因此，通过优化资源空间配置提升经济发展水平和质量、缩小与发达地区的发展差距是两省未来相当长一段时间内的主要任务。然而，两省皆为国家生态保护的战略要地和重要生态屏障，是国内主要河流的重要水源涵养地与补给地，经济发展受到生态条件的制约，适宜开发的土地面积较少。《甘肃省主体功能区规划》确定的重点开发区域面积仅有4.03万平方千米，《青海省主体功能区规划》确定的重点开发区域面积也仅有7.3万平方千米，其余均为限制开发区域或禁止开发区域，重点开发区域的土地面积仅相当于两省总面积的9.91%。

以兰州为中心的兰州—白银地区和以西宁为中心的青海东部地区是两省确定的重点开发区域，土地面积约占两省全部重点开发区域的55.78%，对两省经济社会发展具有举足轻重的作用。其中，兰州市和西宁市作为省

① 根据《中国统计年鉴》(2022)的相关数据计算而得。

会城市，无论是从市辖区人口总量还是生产总值的首位度指数来看①，对支撑两省经济社会发展的重要性是不言而喻的。正因如此，两省在制定经济社会发展规划时，都对省会城市赋予重任和充满期待（见表 3-1），并设计了“城市—大城市—都市圈—城市群”的发展路径，期望在破除市际边界和省际边界束缚的基础上，促进兰州—白银经济圈与西宁—海东经济圈实现空间融合，从而推动“行政区经济”向“经济区经济”转变，获得资源空间配置效率提升带来的经济利益。

表 3-1　省级发展规划对兰州—西宁地区的发展要求与目标

文件	省份	发展要求与目标
“十一五”规划纲要	青海省	加快发展以西宁为中心的东部地区，强化西宁在全省经济社会发展中的支撑、辐射与带动作用
	甘肃省	突出兰州作为特大型城市的综合优势与带动作用，加快白银资源型城市接续产业发展，促进兰州经济区整合与发展
“十二五”规划纲要	青海省	加快推进以西宁为中心的东部城市群建设，使其成为引领全省经济社会发展的综合经济区、承接国内外产业转移和参与国内外市场竞争的重要平台
	甘肃省	加快兰州—白银核心经济区建设，增强对定西、临夏等周边市州和县区的辐射带动作用
“十三五”规划纲要	青海省	将西宁打造成为全省现代化中心城市、丝绸之路经济带的重要节点城市；将海东市建设成为兰州—西宁经济区重要产业基地和东部城市群重要支撑；推进形成西宁—海东 1 小时经济圈、物流圈、旅游圈和生活圈
	甘肃省	推动兰州新区和大兰州经济区率先突破发展；推进建设以兰州—白银都市圈为核心的中部城市群；争取国家支持兰州—西宁城市群建设
“十四五”规划纲要	青海省	在建设“大西宁”和“新海东”的同时，加快西宁—海东都市圈协同融合发展，加快兰州—西宁城市群重点领域协作共建
	甘肃省	加快建设以兰州为中心，白银、定西、临夏为腹地，辐射周边地区的兰州—白银经济圈；推动兰州—西宁城市群成为区域发展重要载体

资料来源：根据甘肃省、青海省四个国民经济和社会发展五年规划纲要整理而得。

① 第七次人口普查数据显示，基于市辖区常住人口数据，西宁市和兰州市的首位度分别为 5.42 和 2.64。《甘肃发展年鉴》（2022）和《青海统计年鉴》（2022）的数据显示，基于市辖区生产总值可得兰州市和西宁市的首位度分别为 5.88 和 6.52。

除了地方政府基于自身利益有推动该地区协作发展的需求外，学者们从学术研究的角度也对该地区协作发展提出了相关构想。汪一鸣等(2004)提议在黄河上游的青海、甘肃、宁夏三省区的交界地带构建“兰州—西宁—银川城市带”[137]；聂华林等(2010)提出以兰州、西宁、银川为核心，沿主要交通线向相应地区辐射，进而形成带动甘肃、青海、宁夏三省区乃至西北地区发展的兰州—西宁—银川经济区战略[138]①；甘肃省工商联和甘肃农业大学(2010)联合完成的《兰州—西宁—银川经济区研究报告》以“三圈、一轴、五辐射、五互动”概括了经济区的发展框架②；昝国江等(2011)依据经济区划划分的原则与方法，提出了包括兰州—西宁城镇密集区、柴达木地区、黄河及洮河沿岸地区、祁连山生态地区和环青海湖地区在内的兰西格经济区规划方案[139]；安树伟等(2011)在上述方案的基础上进一步探讨了兰西格经济区的发展基础与功能定位、发展规划[140-141]；此后，相关研究将研究对象聚焦在河湟谷地，先后提出了“兰西城镇密集区”“兰州—西宁城市区域”等概念[142]。

3.1.2　自上而下的政策供给

国家基于国土均衡开发、区域协调发展以及优化城镇化空间布局和形态的需要，通常会根据资源环境承载能力、现有开发强度以及发展基础与潜力，统筹人口分布、经济布局以及生态条件设置超越行政边界的重要功能区或重点经济区。兰州—西宁地区城镇相对密集，周边地区矿产资源较为丰裕，既有区域中心城市，又有陇海—兰青—青藏等铁路及公路交通干线连接，在国家整体发展规划和西部大开发规划中均被列为重点开发区域

① 百度百科资料显示，兰西银经济区的概念由学者贺应钦(2005)率先提出，而后贺有利教授发展丰富了兰西银经济区的内涵。

② “三圈”是指兰州—白银都市经济圈、西宁都市圈和银川都市圈；“一轴”是指从青海东部的西宁经甘肃中部的兰州到宁夏北部的银川；“五辐射”是指由该经济区分别至关中—天水经济区、成渝经济区、内蒙古、新疆和西藏的五条经济辐射互动带；“五互动”是指该经济区通过辐射带与上述两经济区和三自治区的相互促进与共同发展。

和培育发展城市群的区域(见表3-2),从而享有相应的配套政策支持,成为经济区建设的有效政策供给。

表3-2 国家发展规划对兰州—西宁地区的发展定位与政策支持

文件	发展定位与政策支持
西部大开发和“十一五”规划	推进重点经济区率先发展,鼓励兰(州)西(宁)等区域依托交通干线,加快形成有特色的城市带
西部大开发和“十二五”规划	坚持以线串点、以点带面,依托交通枢纽和区域中心城市,着力培育经济基础好、资源环境承载能力强、发展潜力大的重点经济区。其中兰西格地区是确定的重点经济区之一
全国主体功能区规划	兰州—西宁地区被确定为国家层面的重点开发区域之一
“十二五”规划纲要	坚持以线串点、以点带面,推动兰州—西宁等经济区加快发展,培育新的经济增长极
“十三五”规划纲要	培育中西部地区城市群,规划引导兰州—西宁等城市群发展,形成更多支撑区域发展的增长极
“十四五”规划纲要	以促进城市群发展为抓手,全面形成“两横三纵”城镇化战略格局,培育发展兰州—西宁等城市群
关于新时代推进西部大开发形成新格局的指导意见	拓展区际互动合作,推动北部湾、兰州—西宁、呼包鄂榆、宁夏沿黄、黔中、滇中、天山北坡等城市群互动发展

3.2 研究区域的空间范围

为了明确研究区域的空间范围,本节在借助GIS软件空间插值法的基础上,综合考虑地理、经济和社会等因素界定兰州—西宁地区的空间范围。

空间插值法通过将离散点的数据转换成连续的数据曲面,可以较为准确地分析各地区经济辐射效应的空间分布状况。其中,当离散点数据较为稀少、数据存在主导趋势,且该趋势可以用一个确定的函数或者多项式来拟合时,使用泛克里金插值法的效果相对较好[143]。于是,本节以甘肃和青海两省22个市(州)的地区生产总值为样本值,选择泛克里金插值法中"与二次漂移函数呈线性关系"的半变异模型得到相应插值结果。从插值结果来看，兰州—西宁地区连成片，其空间范围不仅包括兰州市、白银市、定西市、临夏州、海东市、西宁市、海北州等市州的全部或者大部分县域，而且涉及张掖市、平凉市、海南州、黄南州等市州的少部分县域。

在此基础上，本节综合考虑地理位置、资源禀赋、交通网络、《湟水流域综合规划》、《兰州—西宁城市群发展规划》以及甘肃与青海两省"十三五"时期和"十四五"时期的区域经济发展规划，确定兰州—西宁地区的空间范围包括甘肃省的兰州市(5 区 3 县)、白银市(2 区 3 县)、定西市(1 区 4 县，不含漳县、岷县)、临夏州(1 市 7 县)、武威市(1 县，即天祝县)和青海省的西宁市(5 区 2 县)、海东市(2 区 4 县)、海北州(4 县)、黄南州(1 市 1 县，即同仁市、尖扎县)、海南州(3 县，即共和县、贵德县、贵南县)，共计 49 个县级行政单元，土地面积约为 18.49 万平方千米，2020 年该地区共有常住人口 1462.57 万人，地区生产总值合计 6321.77 亿元。

进一步借助引力模型判断上述关于兰州—西宁地区空间范畴界定的合理性。经典的引力模型将县域 i 与县域 j 之间的经济联系强度(I_{ij})表示为[144]：

$$I_{ij}=G\frac{M_iM_j}{d_{ij}^b} \tag{3-1}$$

式中，M_i、M_j 分别表示县域 i 与县域 j 的区域质量，这里为各县域单元常住人口和地区生产总值的几何平均数；d_{ij} 为县域 i 与县域 j 之间的时间距离，考虑到部分县域尚未有铁路通行，基于百度地图选取县级人民政府之间的最短公路通行时间①来衡量；b 和 G 分别为距离摩擦系数和经验常数，参考已有研究文献，分别取 2 和 1。

① 此处的最短公路通行时间是指道路通畅时以驾车方式在县级人民政府所在地之间通行所需要的时间。由于不同时间段在百度地图查询两地之间的驾车通行时间有差异，故以五次查询结果的平均值来衡量。

从计算结果来看[①]：①兰州市主城区和西宁市主城区是区域内的两大联系中心，它们与周边县域之间的联系较为密切。相对而言，兰州市主城区与周边县域的联系强度高于西宁市主城区与周边县域的联系强度。②经济联系强度较强的县域单元主要集中分布在兰州市与西宁市之间的地带，西北部和西南部的县域不仅与中心城市主城区的经济联系强度较弱，而且与周边县域的经济联系强度也较小。总而言之，上述关于兰州—西宁地区空间范畴的界定是比较合适的。目前，兰州—西宁地区已经形成了以兰州、西宁为中心的区际联系网络，两大城市与周边县域构成了兰州—西宁地区的核心区，而西北部和西南部的县域则为边缘区。

3.3 自然资源禀赋

3.3.1 土地资源

兰州—西宁地区位于东部季风区、西北半干旱区和青藏高寒区的交会地带，具备多样化的自然条件，拥有高原、山地、河谷盆地等多种地形。基于30M精细地表覆被图可以发现，该地区已经形成了农田、草原、森林、湖泊、城市等多种类型的生态系统，空间格局呈现出旱作农业区、草原牧区、水域、城乡居住点等交错分布的特征。

整理青海省、甘肃省及各市(州)第三次全国土地调查主要数据公报的相关数据可以发现(见图3-1)[②]，兰州—西宁地区的草地面积最大，所占比例达到了56.83%；其次是林地和耕地，所占比例分别为18.76%和

---

① 同时需要说明的是：城市中不同城区之间的距离相对较小，但人口和地区生产总值相对较大，按照公式计算出来的经济联系强度明显高于其他地区之间的经济联系强度，在一定程度上影响了可视化效果。为此，在绘制经济联系强度的地图时将城关区、七里河区、西固区和安宁区合并为兰州市主城区，将城东区、城中区、城西区、城北区合并为西宁市主城区。

② 由于部分县域尚未发布第三次全国土地调查主要数据公报，故定西市、海南州和黄南州采用全域数据。

14. 14%；水域及水利设施用地、城镇村及工矿用地、湿地、种植园用地与交通运输用地等五种地类的面积相对较小，所占比例均低于 10%。

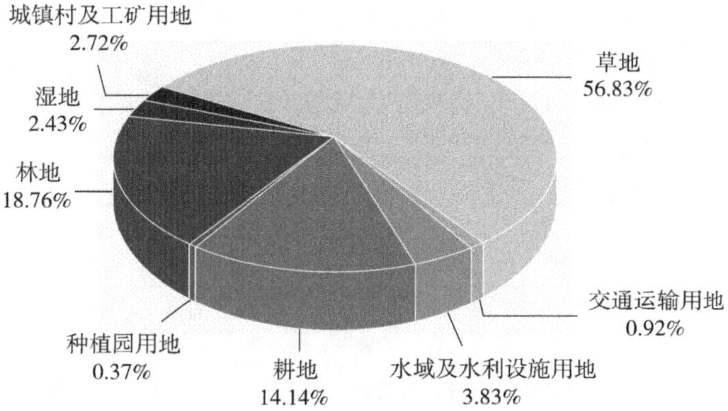

图 3-1　兰州—西宁地区的主要地类构成情况

从主要地类的空间分布来看，草地主要分布在海南州、海北州、黄南州、白银市和兰州市，它们的草地面积均超过了 1000 万亩；林地主要分布在海北州、海东市、白银市、黄南州、海南州、定西市和西宁市，它们的林地面积均超过了 500 万亩；耕地主要分布在定西市、白银市、兰州市和临夏州，它们的耕地面积均超过了 300 万亩；城镇村及工矿用地主要分布在兰州市、白银市和临夏州；种植园用地主要分布在定西市、兰州市、白银市和西宁市；湿地主要分布在海北州；水域及水利设施用地主要分布在海北州和海南州；交通运输用地主要分布在定西市、白银市、兰州市和西宁市。

3. 3. 2　矿产资源

兰州—西宁地区矿产资源种类多，储存量丰富。相关资料显示，该地区探明的主要矿产资源中，不仅拥有金、银、铜、铁、铅、锌、煤炭、石灰石等多种金属、非金属，地热、矿泉水资源亦较为丰富(见表 3-3)。

表 3-3 兰州—西宁地区主要矿产资源种类及分布

区域	主要矿产资源种类
兰州市	煤炭、地热水、灰岩、石英岩、黄土、黏土、硅质板、芒硝等
白银市	铜、铅、锌、金、银、煤炭、凹凸棒等
临夏州	金、银、锰、铁、铬、铜、铅、锌、钨、钼、锑、铂、钽、铌、铍、磷钇、萤石、石膏、方解石、硅灰石、水泥用灰岩、白云岩、冶金用石英岩、建筑用砂、黏土、玄武岩、花岗岩、凝灰岩等
定西市	黄金、地热水、红柱石、大理石等
天祝县	煤炭、油页岩、石膏、石灰岩、重晶石、萤石、黏土、高岭土、磷、石英岩、花岗岩、玉石、金、铜、铁等
西宁市	铁、钛、铜、铅、锌、镍、钨、岩金、砂金、石灰岩、石英岩、黏土、白云岩、石膏、铸石用玄武岩、矿泉水、地热水、煤炭等
海东市	石灰石、钙芒硝、石膏、石英石、白云岩、煤炭、硫铁矿、油母页岩以及金、铁、铝、铜等
海北州	煤炭、石棉、铁、锰、铬，有色金属铜、铅、锌、金、银、铂等
尖扎县	砂石、黏土、萤石、冰洲石、铁矿、云母、铝、铜矿、石墨等
同仁市	金、铜、铅、锌、建筑用砂石、砖瓦用黏土
共和县	铜、铅、锌、锑、金、银、汞、大理石、花岗岩、石灰石、白云石等
贵德县	铜、铁、铅、锌、镍、砂金、砷、石英石、萤石、石灰石等
贵南县	铜

资料来源：根据各地政府门户网站相关资料整理而得。

丰裕的矿产资源为相关产业与区域经济发展奠定了良好的基础。即便是在国内外矿产资源市场需求下降以及资源品价格波动的情况下，2020 年兰州市和西宁市的资源税收入仍然分别达到了 4952 万元和 1960 万元，实现工业增加值 727.46 亿元和 239.15 亿元，占地区生产总值的比重分别为 25.2%和 17.42%①。

3.3.3 水资源

兰州—西宁地区大部位于我国半干旱区，多年平均年降水量一般在 200~400 毫米。区域内分布有黄河干流以及湟水河、洮河等重要支流。其

① 数据来源：《兰州统计年鉴》(2021)和《西宁统计年鉴》(2021)。

中，黄河干流在该地区内的长度约为 1002 公里，占干流河道总长度的比例为 18.33%。统计数据显示①，2000—2020 年该地区的水资源量在波动中由 119.9 亿立方米增加至 184.81 亿立方米（见图 3-2），增长幅度约为 54.14%，年均增长速度约为 2.19%。同期人均水资源量亦在波动中由 920.32 立方米提高至 1263.63 立方米，增长幅度为 37.3%，年均增长速度约为 1.6%。然而，兰州—西宁地区却属于甘青两省水资源相对匮乏的地区，2000—2020 年水资源量占两省水资源总量的比例在 11.63%～16.67% 波动，人均水资源量不足两省平均水平的三成。

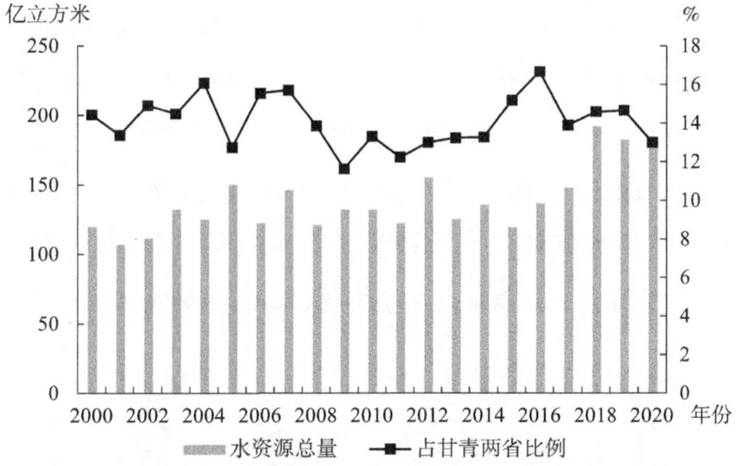

图 3-2　2000—2020 年兰州—西宁地区的水资源总量及比例变化

当然，由于该地区位于青藏高原与黄土高原的交界地带以及我国地势第一级阶梯向第二级阶梯的过渡地带，河流落差大，蕴含丰富的水能资源，具有较大的水电开发价值。目前该地区分布有龙羊峡、拉西瓦、李家峡、公伯峡、刘家峡等大型水电站，这五座大型水电站的总装机容量达到 950 万千瓦，年平均发电量约为 328 亿千瓦时，已经成为我国西北电网的重要组成部分以及"西电东送"的重要保障，在实现经济效益的同时也为周

① 市域单元的水资源量数据直接来自历年的《青海省水资源公报》和《甘肃省水资源公报》；由于缺少县域尺度连续的水资源数据，其余县域则采用各县多年平均水资源量占所在地级城市或者自治州水资源量的比例估算而来。

边城镇发展的用水需求提供了保障。

3.4 人口规模、结构与质量

3.4.1 人口规模持续扩大

第七次全国人口普查数据显示，兰州—西宁地区的常住人口数量约为1462.57万人，较第四次人口普查时的1154.37万人增加308.2万人①，年均增长速度约为0.79%。然而，常住人口数量的增速却呈现出明显的放缓趋势，1990—2000年、2000—2010年和2010—2020年的年均增速分别为1.22%、0.6%和0.56%。尽管如此，该地区常住人口数量占甘肃、青海两省常住人口总和的比例仍然由1990年的43.03%上升至2020年的47.27%（见图3-3）。其中，兰州市常住人口数量占甘肃省的比例由11.73%提高至17.42%，西宁市常住人口数量占青海省的比例由36.84%上升至41.66%。

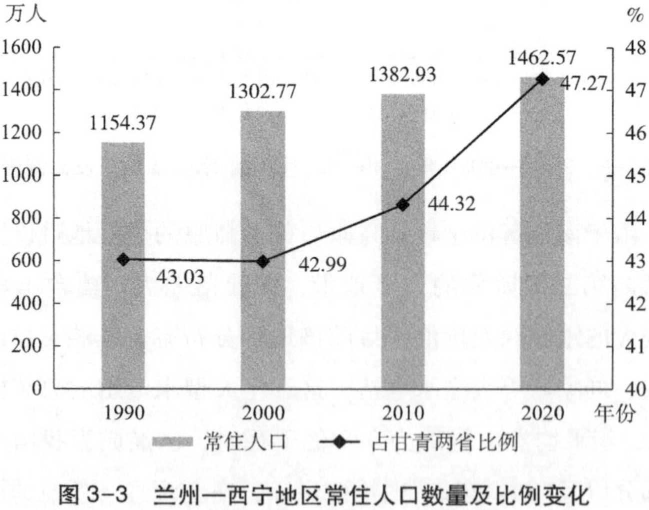

图3-3 兰州—西宁地区常住人口数量及比例变化

---

① 查阅人口普查资料和行政区划资料发现，因行政区划调整，兰州—西宁地区部分县域单元1953年、1964年和1982年的人口普查数据不完整，可用于比较分析的数据最早为1990年的第四次人口普查数据。

3.4.2　人口结构呈现新变化

从年龄结构来看，第七次全国人口普查时兰州—西宁地区 0~14 岁、15~59 岁和 60 岁及以上的人口数量分别为 276.83 万人、954.6 万人和 231.14 万人，所占比例依次为 18.93%、65.27%和 15.8%。其中 65 岁及以上的人口有 167.22 万人，所占比例约为 11.43%。按照老龄化社会的衡量标准①，兰州—西宁地区已经具有老龄化社会的特征。从性别结构来看，"七普"数据显示，兰州—西宁地区男性、女性人口数量分别为 744.5 万人和 718.07 万人，性别比为 103.68，略高于甘青两省平均水平的 103.46。从民族结构来看，"七普"数据显示，兰州—西宁地区汉族人口约为 1115.17 万人，少数民族人口约为 347.4 万人，所占比例分别为 76.25%和 23.75%。其中，少数民族人口数量较第六次全国人口普查时增加了 32.54 万人，所占比例上升了 0.98 个百分点。

从城乡结构来看，第七次全国人口普查时兰州—西宁地区城镇的常住人口约为 892.75 万人，城镇化率约为 61.04%，分别高出甘肃省和青海省 13.27 个百分点和 0.96 个百分点。其中，兰州市和西宁市的人口城镇化率分别为 83.1%和 78.63%。同时，基于自然断点分级法（Jenks）将县域尺度的人口城镇化率分成四类：人口城镇化率较高的县域集中分布在兰州市、西宁市和白银市的城区以及海北州的海晏县、临夏州的临夏市；其中兰州市安宁区，西宁市城东区、城西区的城镇化率达到了 100%。城镇化率较低的县域主要分布在贵南县、化隆县、积石山县、临夏县、东乡县、和政县、康乐县、渭源县和通渭县；其中临夏县和积石山县的城镇化率低于 20%。

3.4.3　人口集中化趋势凸显

从空间分布来看，借助 ArcGIS10.5 软件中的四分位法将兰州—西宁地

① 60 岁及以上人口的比例超过 10%，65 岁及以上人口的比例超过 7%。

区2020年县域尺度下常住人口数量分为四个等级[144]，可以看出，兰州—西宁地区人口分布呈现出“东多西少”空间格局，即位于西部县域的人口数量偏少，东部县域的人口数量相对偏多。

具体而言，处于第一分位数内①的县域有海晏县、刚察县、祁连县、尖扎县、贵南县、同仁市、贵德县、湟源县、平安区、共和县、循化县、门源县和红古区。除平安区和红古区以外，其余县域受到地理环境等因素的影响，人口数量明显少于其他县域。其中，海晏、刚察和祁连三县的常住人口数量均不及5万人。处于第四分位数内的县域有会宁县、大通县、西固区、城北区、安定区、陇西县、安宁区、榆中县、临洮县、永登县②、城东区、七里河区和城关区，这些县域主要集中分布在兰州市和西宁市的主城区及周边地区。其中，城关区和七里河区的常住人口数量居前两位，它们分别在第六次人口普查时突破了50万人和100万人的门槛，并保持着人口数量的持续增长，2020年常住人口数量分别达到71.22万人和148.40万人，年均增长速度分别约为1.5%和2.41%。

进一步通过人口密度反映兰州—西宁地区人口地理分布的稀疏程度，可以发现，处于常住人口密度第四分位数内的县域有积石山县、临夏县、广河县、西固区、七里河区、城中区、城北区、临夏市、城东区、安宁区、城西区和城关区。其中，安宁区、城西区和城关区等中心城市主城区的人口密度均超过5000人/平方千米，尤以城关区最高，达到了7140.45人/平方千米。

对比2010年和2020年两次人口普查的数据可以发现，40.82%的县域常住人口数量有所减少。其中，会宁县和靖远县常住人口的减少量居前两

---

① 县域人口数量由小到大排列后前25%的数据。

② 兰州新区是国家于2012年批复设立的第五个国家级新区，规划范围涉及永登县的中川、秦川、上川、树屏以及皋兰县的西岔、水阜等六个乡镇。其中，中川、秦川和西岔三镇已整建制委托兰州新区管理，但在行政区划上仍隶属于永登县和皋兰县。目前，除上海浦东新区和天津滨海新区外，其余国家级新区均不存在独立区划的情况。为便于数据比较，根据兰州新区第七次全国人口普查主要数据公报将中川镇和秦川镇的常住人口数据汇总至永登县，将西岔镇的常住人口数据汇总至皋兰县。

位，分别减少了 13. 97 万人和 8. 18 万人。59. 18%的县域常住人口数量有所增加，其中城北区、城东区、安宁区、七里河区和城关区常住人口的增加量超过了 10 万人，尤其是城关区的增加量达到了 20. 53 万人。由此可见，人口向区域中心城市集聚已成为兰州—西宁地区人口流动的主要特征。

3. 4. 4　人口素质不断提高

从人口的平均受教育年限来看，比较第五、第六、第七次全国人口普查时各县(市、区)15 岁以上人口平均受教育年限的核密度曲线可以发现，三条核密度曲线均表现出比较明显的“单峰”分布状况，且曲线持续向右移动、峰值逐渐增高，表明兰州—西宁地区人口的平均受教育年限在持续增加的同时，县域间的差距在逐渐缩小(见图 3-4)。基于统计数据的分析结果显示，2000—2020 年兰州—西宁地区人口平均受教育年限的均值由 6. 42 年提高至 8. 68 年，而变异系数由 30. 61%下降至 20. 16%。

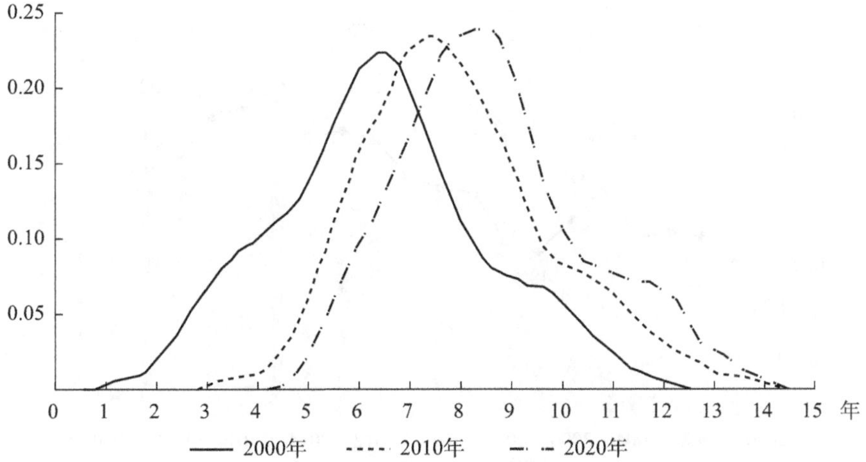

图 3-4　兰州—西宁地区 15 岁以上人口平均受教育年限的核密度曲线

3.5 经济发展特征

3.5.1 区域经济持续稳定增长

2000—2020 年兰州—西宁地区的名义生产总值由 605.82 亿元增加至 6321.77 亿元（见图 3-5），年均增长速度约为 12.44%，高于同期甘肃、青海两省年均增长速度 0.75 个百分点，对两省经济增长的贡献率达到了 53.39%。同期，按照常住人口核算的名义人均生产总值由 4650 元上升为 43224 元，年均增长速度约为 11.79%。尽管 2016—2019 年兰州—西宁地区占两省经济总量的比重有所下降，但从长期来看，该地区生产总值占两省的比重在波动中由 2000 年的 46.02%提升至 2020 年的 52.58%，表明兰州—西宁地区在甘青两省中的经济地位越来越重要，两省经济活动向该地区集中的趋势亦越来越明显。

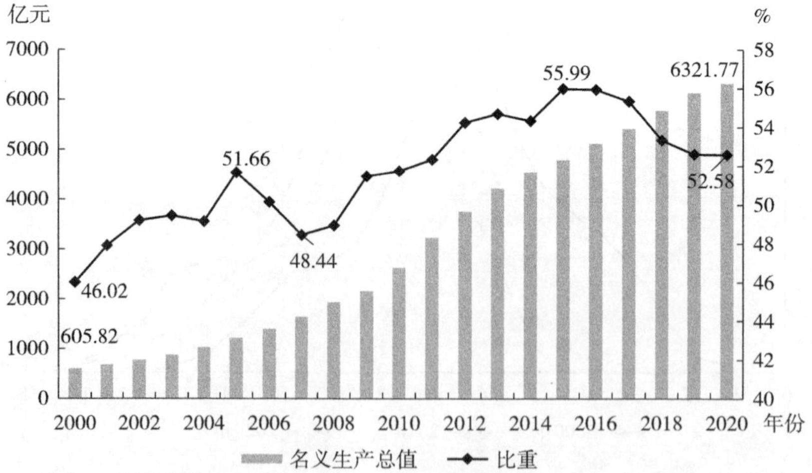

图 3-5 2000—2020 年兰州—西宁地区生产总值及其占两省的比重

3.5.2　产业结构高级化程度增强

从三次产业的产值结构来看，2000—2020 年兰州—西宁地区第一产业的相对比重不断降低，由 12.74%下降至 7.87%，下降了 4.87 个百分点；第二产业相对比重在波动中由 44.4%下降至 30.9%，下降了 13.5 个百分点；第三产业相对比重则在波动中由 42.85%提高至 61.22%，上升了 18.37 个百分点（见图 3-6）。2014 年之后第三产业相对比重持续大于第二产业，已经成为该地区的主导产业。总而言之，兰州—西宁地区三次产业相对比重的变动趋势符合产业结构演变的一般规律，且第三产业已经成为产业结构的重心。

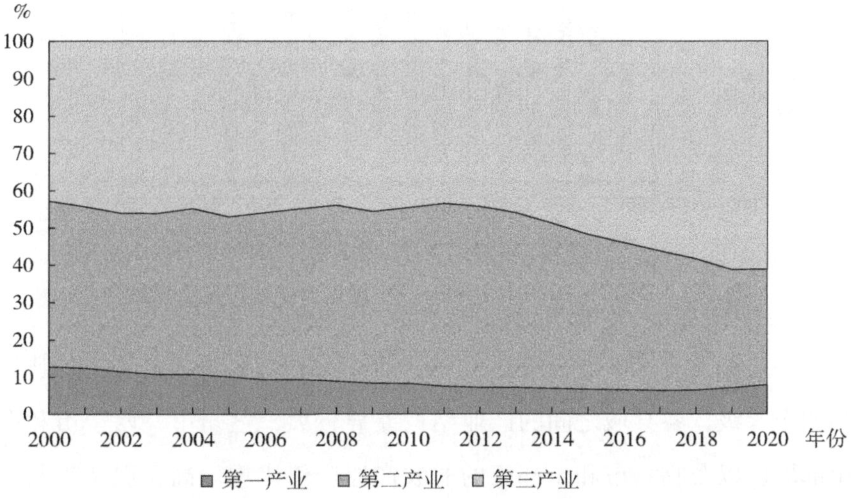

图 3-6　2000—2020 年兰州—西宁地区三次产业产值结构变化趋势

非农产业比重和经济服务化程度①是衡量产业结构高级化程度的两个重要指标。若两个指标值处于上升状态，则意味着经济在向工业化和服务

① 始于 20 世纪 70 年代的信息技术革命对世界主要工业化国家的产业结构产生了极大冲击，第三产业迅猛发展，其比重占到整个国民经济的一半以上，出现了“经济服务化”趋势。于是信息化推动下的经济服务化成为产业结构高级化的重要特征之一。通常采用第三产业增加值与第二产业增加值的比值衡量经济服务化程度。

化的方向推进，产业结构处于升级与优化进程中。2000—2020 年兰州—西宁地区非农产业相对比重在小幅波动中由 87.26%上升至 92.13%，提高了 4.87 个百分点(见图 3-7)。考虑非农产业内部的互动影响可以发现，兰州—西宁地区产业结构的服务化趋势愈加明显，第三产业增加值与第二产业增加值的比值在经历了 2000—2011 年 M 型的阶段性变化后呈现出持续上升的态势，2020 年达到了 1.98。

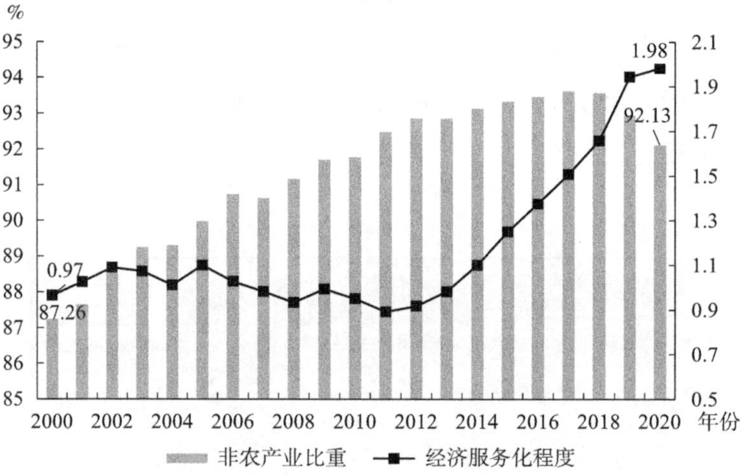

图 3-7　2000—2020 年兰州—西宁地区产业结构高级化趋势

进一步基于自然断点分级法将 2020 年县域尺度的非农产业产值比重划分为四个等级，各县域之间的产业结构差异较大，兰州市、西宁市和白银市全部城区以及临夏市和乐都区的非农产业产值比重较高；而祁连县、贵南县、靖远县和会宁县的非农产业产值比重相对偏低，特别是靖远和贵南两县的比重甚至低于 50%。产业结构的差异可以为地区间开展经济合作奠定基础和创造条件。

3.5.3　县域发展梯度差异明显

在众多发展阶段的判断标准中，美国经济学家 H. 钱纳里等人提出的划分标准影响相对较大，20 世纪 80 年代他们通过对运用投入产出、一般均衡以及经济计量模型等分析方法的比较与研究，考察了二战以后以工业化为主线的发展中国家特别是其中准工业化国家(地区)的发展经历，提出了工业化阶段理论，即以人均收入水平为标准①，将经济发展过程划分为初级产品生产、工业化以及发达经济三个阶段及相应的六个时期(见表3-4)[145]。

表3-4　人均收入水平与经济发展阶段的关系

人均收入(1970年，美元)	时期	经济发展阶段	
140~280	1	初级产品生产阶段	
281~560	2	工业化阶段	工业化初期
561~1120	3		工业化中期
1121~2100	4		工业化后期
2101~3360	5	发达经济阶段	发达经济初期
3361~5040	6		发达经济后期

测算结果显示②，2020年康乐县和广河县处于初级产品生产阶段，西固区和城西区处于发达经济初级阶段；其余县域单元均处于工业化阶段，尤其处于工业化中期和工业化后期的县域数量居多，所占比例分别为38.78%和34.69%。而从兰州—西宁地区的整体情况来看，2020年人均生产总值为1195美元(1970年美元)，刚步入工业化后期。

3.5.4　区域交通网络日臻优化

交通网络是经济发展的重要支撑条件。目前，兰州—西宁地区已经形成以航空、铁路、公路为主的区内及区际交通网络。其中，航空方面主要有兰州中川机场、西宁曹家堡机场以及正在建设的临夏机场；铁路方面主要有普速铁路和高速铁路两种类型；公路则包括高速公路、国道、省道以

① 随着人均收入水平的提高，经济结构也将发生系列的变化，为此，H. 钱纳里等人还提出阶段划分的结构标准。只是县域尺度的统计分类和数据质量尚不能支持结构标准的讨论。

② 2020年美元与人民币的汇率为：1美元=6.8974元人民币；2020年与1970年的美元换算系数为：1970年的1美元=2020年的5.2462美元；汇率计算依据为国家统计局公布的人民币与美元汇算数据的年度平均值；不同年份美元折算的依据则来自网站：https：//stats.areppim.com/calc/calc_usdlrxdeflator.php。

及县道、乡道等。

改革开放前，兰州—西宁地区逐渐形成了以兰州为中心，通过陇海线、包兰线、兰新线、兰青线等铁路干线向周边地区辐射的铁路网络。改革开放后，国家对原有线路进行了电气化改革和复线建设，提高了铁路运输速度与运输能力，降低了运输成本，有效地促进了要素流动。新建的兰新客运专线和宝兰客运专线构成了兰州—西宁地区东西方向的快速客运走廊，极大地节约了要素流动的时间成本，密切了沿线地区的经济联系。中国铁路网的数据显示，定西到兰州之间普通铁路运行至少需要 82 分钟，而动车运行时间仅需要 30 分钟左右；兰州至西宁间普通铁路运行时间在 143~272 分钟，而动车运行时间仅在 69~76 分钟。

当然，铁路网主要集中在北部和中部区域，尚有互助、共和、贵德、贵南、同仁、尖扎、祁连、循化、化隆、临夏市、临夏县、积石山、东乡、广河、和政、康乐、临洮等 17 个县级行政单元未被纳入铁路网，所占比例约为 34.69%，不利于这些县域接受中心城市辐射。比如基于百度地图的测距，积石山县城到兰州市中心的直线距离约为 100 公里，但在实际通行时即便有高速公路也至少需要 194 分钟；而大致相同的地理距离条件下，铁路通行时间明显较短，兰州市中心到民和县的直线地理距离亦为 100 公里左右，但是动车运行时间仅为 34 分钟，普通列车运行时间约为 77 分钟①。

从公路网来看，G6 京藏、G22 青兰、G30 连霍和 G75 兰海四条主要高速公路交会兰州，并将区域内的主要城市白银市、海东市、西宁市、定西市联系在一起。目前，除贵德县、贵南县、化隆县、永靖县、东乡县、积石山县等少数县城外，其余县城均已融入区域高速公路网。相对于一般公路而言，高速公路因其较好的通行条件，使得通行速度明显加快，是目前尚未进入铁路网县域降低时间成本的主要选择。基于百度地图可以发现，

① 民和县仅有高铁站，这里的时间实际上是普速列车在兰州—海石湾区间的运行时间，但海石湾与民和县仅一河之隔。

从西宁市中心到尖扎县城，开车走一般公路，最快需要 157 分钟，选择高速仅需 93 分钟，将节约 40%左右的时间。这种时间成本的节约将极大地促进各类要素资源特别是人口的流动，对增强区域经济联系具有很好的推动作用。

3.5.5　区域城镇体系日益完善

3.5.5.1　发展历史与城镇数量

据史料记载，夏商周时期兰州—西宁地区水草丰美，是羌族、戎族从事以游牧业为主兼有农业经济活动的中心地带。春秋战国时期，秦在此设置陇西郡，郡治狄道(今临洮县)。秦始皇统一全国后，设置榆中县，始有行政建制和城池。两汉至两晋时期，该地区被正式纳入郡县管理体系，先后设置有金城郡、安定郡、西平郡、平凉郡以及允吾、安夷、破羌、西都、金城、祖厉、鹑阴、大夏、枹罕等县，部分地区则隶属武威、陇西等郡管辖。此后，由于中原王朝与西北少数民族政权关系的变化，该地区郡县设置屡有变更。隋唐时，出现有兰州、河州、会州及五泉、广武、会宁、凉川等州县设置，兰州之称始见于史。北宋时，设置西宁州，西宁之称始见于史。明朝时期，州县制一度调整为卫所制，设置有西宁卫、靖虏卫、兰州卫、河州卫等。清康熙时期陕甘分治，新设甘肃行省，治于兰州。民国伊始该地区设置有皋兰、红水、榆中、狄道、导河、宁定、洮沙、靖远、渭源、定西、陇西、会宁、循化、化戎、临夏、共和、贵德、同仁、海晏等县，而后调整省治，将甘肃省西部分离出来建立青海省，治于西宁。1941 年、1946 年兰州和西宁两地先后设市[146-147]。

新中国成立后，兰州—西宁地区城镇建制变动较为频繁，如 1950 年将临夏县的镇级市临夏市升格为县级市，1953 年由贵德县析置尖扎县，1958 年将县级白银市升格为地级白银市等，此后市、县隶属关系亦多有变动，部分市、县建制甚至经历了撤销与恢复的重大变动。20 世纪 80 年代兰州—西宁地区初步形成较为稳定的城镇体系结构，随着城市以及区域经济发展，城镇建制的变动方式以撤地设市①、撤县设区②和撤县设市③为主。截至2020年底，兰州—西宁地区的城镇设置涉及五个地级市(西宁市、海东市、兰州市、白银市和定西市)的15个城区、2个县级市(临夏市、同仁市)、32个县以及310个建制镇。

《国务院关于调整城市规模划分标准的通知》(国发〔2014〕51号)以城区的常住人口为标准，将城市划分为五类七档。按照该分类标准，2000年兰州—西宁地区仅有1个Ⅱ型大城市、1个中等城市、2个Ⅰ型小城市；2010年则有2个Ⅱ型大城市、三个Ⅰ型小城市；2020年有1个Ⅰ型大城市、1个Ⅱ型大城市、1个中等城市、3个Ⅰ型小城市和1个Ⅱ型小城市(见表3-5)。从城市类型的分布来看，目前兰州—西宁地区大、中、小城市均有，但城市数量尤其是中等城市和小城市数量明显偏少，城镇体系不够完善。

表3-5 城市划分标准与兰州—西宁地区主要城市分类

城市类别		城区常住人口标准(人)	2000年常住人口(万人)	2010年常住人口(万人)	2020年常住人口(万人)
大城市	Ⅰ型	300万≤P<500万	—	—	兰州市(318.66)
	Ⅱ型	100万≤P<300万	兰州市(208.78)	兰州市(262.83) 西宁市(119.83)	西宁市(195.48)
中等城市		50万≤P<100万	西宁市(85.45)	—	白银市(53.85)
小城市	Ⅰ型	20万≤P<50万	白银市(46.10) 临夏市(20.25)	白银市(48.68) 定西市(42.06) 临夏市(27.25)	定西市(42.24) 海东市(35.88) 临夏市(35.60)
	Ⅱ型	P<20万	—	—	同仁市(10.15)

注：表中兰州市、西宁市、白银市、定西市、海东市的统计范围仅限于城区。

当然，建制镇也是城镇体系的重要组成部分。目前兰州—西宁地区共

① 2003年和2013年定西地区和海东地区分别撤地设市，成为地级城市。
② 2003年、2013年、2015年和2019年安定县、乐都县、平安县、湟中县先后撤县设区。
③ 2020年同仁县撤县设市。

有 310 个建制镇，其中，甘肃部分有 217 个，青海部分有 93 个。建制镇的规模不等，差距较大。从建制镇的行政区域面积来看，面积最大的建制镇为共和县的倒淌河镇，土地面积约为 3425.43 平方公里；最小的为临夏市的城郊镇，土地面积仅为 5.7 平方公里。从建制镇的常住人口数量①来看，人口最多的建制镇为大通县的桥头镇，常住人口数量超过 14 万人，最少的是靖远县的刘川镇，常住人口数量不及 0.5 万人。总体来看，建制镇的人口规模明显偏小，70.8%的建制镇常住人口少于 3 万人。

3.5.5.2　规模结构

首位度是衡量城市规模分布状况的常用指标之一，它是指城镇体系中最大城市与第二位城市人口的比值。首位度高的城市规模分布即为首位分布。与此同时，为了改进首位度 2 城市指数，相关研究先后提出和应用了 4 城市指数和 11 城市指数。考虑到兰州—西宁地区的城市数量，本节仅选用 2 城市指数和 4 城市指数，具体计算公式为[148]：

$$S^2 = P_1/P_2$$

$$S^4 = P_1/(P_2+P_3+P_4) \tag{3-2}$$

式中，P_1、P_2、P_3、P_4 分别为城镇体系中城市按规模由大到小排序后，相应位序城市的城区常住人口数量。按照位序规模理论，2 城市指数、4 城市指数应分别为 2 和 1。

同时，在城镇体系规模结构中，Zipf 法则是将城市按规模由大到小排序后，第二位城市的规模为最大城市规模的一半，第三位城市的规模则是最大城市规模的 1/3，并依此类推。数学表达式为[149]：

$$P(r) = P_1 \cdot r^{-q} \tag{3-3}$$

式中，r、$P(r)$ 分别表示城市的位序以及该位序城市的人口规模；P_1 为最大城市的人口规模，q 为常数。进一步对式(3-3)进行对数变换，可得：

$$\ln P(r) = \ln P_1 - q\ln r \tag{3-4}$$

---

①　这里的常住人口是指建制镇的全部人口，而非建成区的人口。

对式(3-4)进行估计即可得到相应参数的值。$\ln P_1$ 反映了第一位城市的规模。$q>1$ 说明城市规模分布较为集中，大城市很突出，中小城市发育不够，首位度较高；$q<1$ 则说明城市人口较为分散，高位次城市规模不够突出，中小城市发育较好。倘若进行多年对比分析，q 变大，则说明城市规模分布趋于集中的力量大于趋于分散的力量，反之则说明趋于分散的力量大于趋于集中的力量。当然，如果回归方程的相关系数很大，说明该城镇体系符合位序规模分布，反之则可能是其他类型的分布[148]。

基于 2 城市指数和 4 城市指数的计算可以发现(见图 3-8)，2000—2020 年兰州—西宁地区的 2 城市指数由 2.44 逐渐下降为 1.63，4 城市指数亦逐渐由 1.38 下降至 1.09，说明城市群的城镇规模分布虽然长期表现为以兰州为中心的单核发展格局，但随着第二、第三、第四位城市规模的增大，兰州市的首位度已经有所下降。

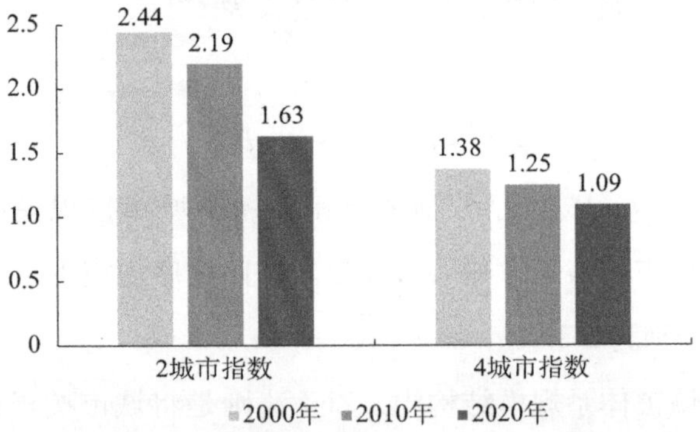

图 3-8　主要年份兰州—西宁地区的城市首位度变化情况

以兰州—西宁地区各县域单元的城镇人口为基础，应用普通最小二乘法构建回归方程可以发现(见图 3-9)，2010 年和 2020 年的 q 值均大于 1，表明城镇规模分布总体上较为集中，大城市较为突出，首位度较高，而中小城市发育不够。当然，从 q 值的变化趋势来看，该值略有下降，表明兰州—西宁地区城镇规模分布趋于分散的力量大于趋于集中的力量。基于回归方程的相关系数来看，相关系数均高于 0.84，表明考虑县城因素后兰州—西宁地区的城镇体系大致符合位序规模分布。

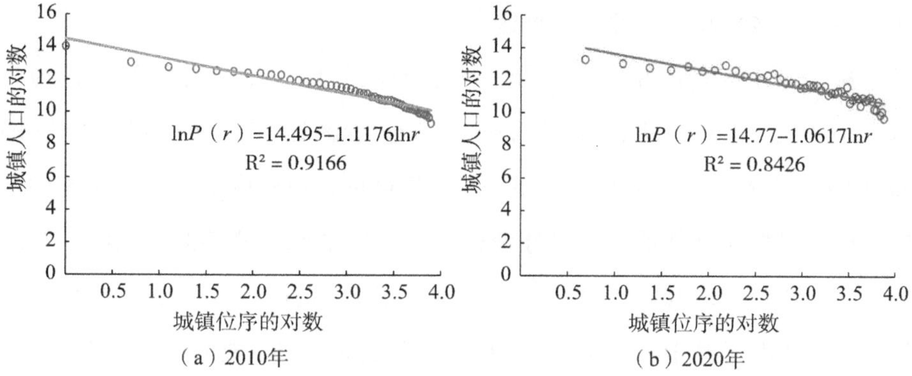

图 3-9　兰州—西宁地区的城镇位序规模分布的演变

3.6　区域发展面临的挑战

《全国主体功能区规划》将 18 个地区列为重点开发区域，其中位于西部地区的跨界重点开发区域有 5 个，从北到南依次是呼包鄂榆地区、兰州—西宁地区、关中—天水地区、成渝地区和北部湾地区。与此同时，国家发展改革委针对这些地区的发展先后编制了相应城市群发展规划。为便于比较，以城市群发展规划文本中的相关指标以及空间范围为参照①，比较分析兰州—西宁地区发展可能面临的挑战。

3.6.1　区域发展基础薄弱

从经济规模来看(见表 3-6)，兰州—西宁地区的经济总量最小，仅相当成渝地区的 12.97%，即便与同处西北地区的呼包鄂榆、关中平原比较，也仅相当于它们的 34.27%和 30.67%。从人口规模来看，兰州—西宁地区的常住人口数量仅略高于呼包鄂榆地区，分别相当于关中平原、北部湾和成渝三个地区的 30.88%、28.81%和 13.12%。从人均生产总值来看，呼包

① 《全国主体功能区规划》中并未具体地划定各重点开发区域的空间范围。

鄂榆地区的人均生产总值最高，其余地区的人均生产总值大致相同，兰州—西宁地区仅略高于北部湾地区。

从土地经济密度来看，兰州—西宁地区的地均生产总值最低，约为513.26万元/平方公里，即便与呼包鄂榆地区比较，也仅相当于它的63.12%。从人口密度来看，兰州—西宁地区的人口密度虽高于呼包鄂榆地区，但明显低于其他地区，仅分别相当于关中平原、北部湾、成渝三个地区的34.82%、35.36%和25.55%。从城镇密度来看，兰州—西宁地区的城镇密度约为北部湾地区的1/2、关中平原地区的1/3、成渝地区的1/5。由此可见，兰州—西宁地区的发展基础相对最为薄弱。

表 3-6　西部跨界经济区基本情况比较

指标	单位	呼包鄂榆	兰州—西宁	关中平原	成渝	北部湾
土地面积	万平方公里	17.5	9.75	10.71	18.5	11.66
常住人口	万人	1138.4	1193	3863	9094	4141
地区生产总值	亿元	14230.2	4876	15900	37600	16295
人均生产总值	元	125002	40486	41160	41346	39350
地均生产总值	万元/平方公里	813.15	513.26	1484.59	2032.43	1397.51
人口密度	人/平方公里	65.05	125.58	360.69	491.57	355.15
城镇密度	个/平方公里	14	24	72	113	48
年份	—	2016	2016	2016	2014	2015

资料来源：根据国家发展改革委发布的各城市群发展规划整理而得。

3.6.2　中心城市规模偏小

综合考虑五个跨界经济区主要城市的生产总值和地方一般公共预算收入可以发现（见图 3-10）①，2020 年八个省会城市（直辖市）中，重庆、成都、西安和南宁属于地区生产总值和一般公共预算收入均较高的城市，兰州、呼和浩特、海口和西宁则属于地区生产总值和一般预算收入均偏低的

① 数据来源：各省区市的统计年鉴。

城市。比较而言，西宁市在两项指标中均居末位。

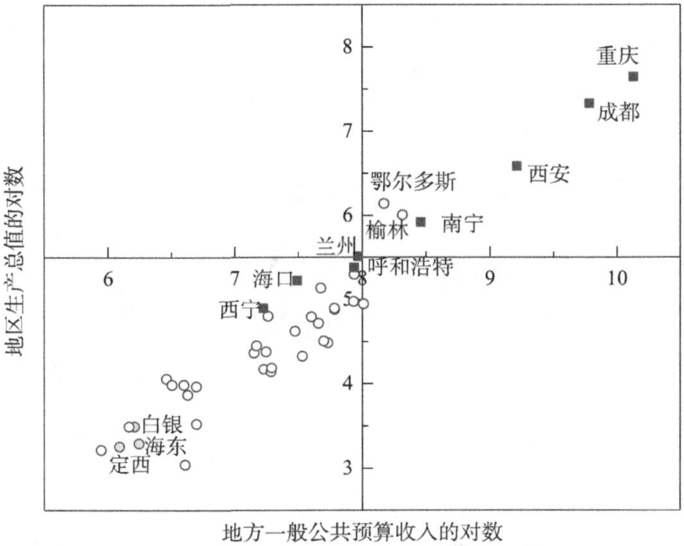

图 3-10　西部跨界经济区地级城市生产总值与一般公共预算收入关系的散点图

对于兰州—西宁地区而言，由于核心城市经济规模偏小，为提升它们的综合经济实力，两省实施的“强省会”策略可能扩大省会与周边地区的发展差距。倘若缺少发展利益的共享机制，则可能会侵蚀经济区内部不同地区之间的合作基础，从而不利于区域经济整体发展。与此同时，区域内的其他主要城市如白银市、海东市和定西市的经济规模位于散点图的左下角，意味着它们不仅在所有参加比较的城市中位居末尾，而且即便与兰州市、西宁市比较也存在较大差距。

3.6.3　城市竞争力亟待提升

城市竞争力体现为城市在其发展过程中所具有的集聚、扩散以及转化能力。与其他城市比较时，竞争力越高，意味着该城市获取稀缺资源的能力以及对区域经济发展的影响也就越强。以城市竞争力的相关研究成果为依据[150]，提取西部地区五个跨界经济区主要城市的综合经济竞争力指数、可持续竞争力指数和营商硬环境竞争力指数绘制成“箱型+正态分布曲线”

组合图（见图 3-11）。

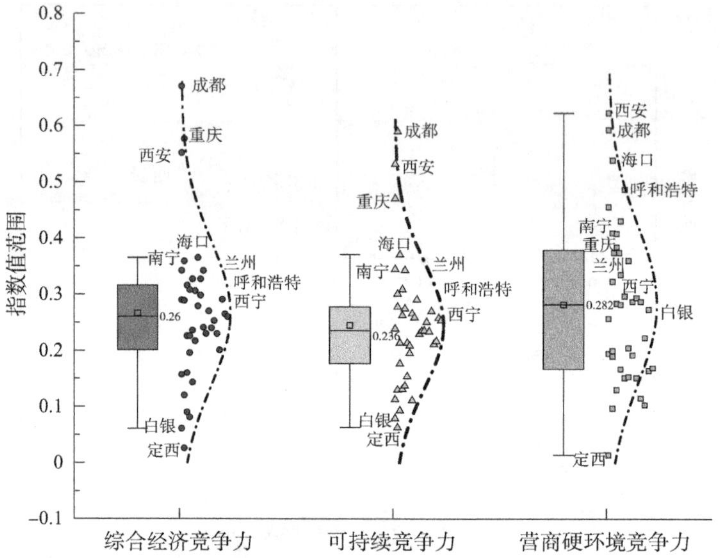

图 3-11　西部跨界经济区主要城市竞争力指数及其分布

在八个省会城市（直辖市）的综合经济竞争力指数和可持续竞争力指数比较中，兰州市均位居第六位，仅高于呼和浩特市和西宁市，而西宁市则均为末位；在营商硬环境竞争力指数的比较中，兰州市和西宁市位于最后两位。基于全部城市的比较可以发现，兰州市和西宁市综合经济竞争力指数、可持续竞争力指数相对靠前，但是白银市和定西市则位于末尾；尽管白银市的营商硬环境指数相对较高，但定西市依然位居末尾。

由此可见，兰州—西宁地区主要城市在全国甚至是西部地区都比较缺乏竞争力，不仅使得它们自身难以获取较多的经济社会资源及发展机会，而且也不利于其驱动区域经济的整体发展。

3.6.4　水资源空间分布不均衡

水资源是城市和区域经济发展的最大刚性约束。随着生态环境的改善，近年来兰州—西宁地区的水资源总量有所增加，但却属于水资源相对不足的地区。2020 年该地区的人均水资源量相当于全国平均水平的 75.8%

和甘青两省平均水平的 41.17%。换而言之，甘肃和青海两省的水资源空间分布与人口、经济活动的空间分布存在着不匹配的情况。可以预见的是，随着人口与产业集聚趋势的增强，水资源对兰州—西宁地区发展的约束亦将日益趋紧。特别是兰州市和白银市的用水总量超过了水资源总量，水资源供求矛盾较为突出。

构建西部跨界经济区主要城市人均水资源量和人均用水量的相对关系图可以看出（见图 3-12）[①]：兰州市人均水资源量居倒数第二位，约为 110.11 立方米，仅相当于西安市、成都市、西宁市的 53.26%、19.17%和 15.86%，是水资源供求矛盾最为突出的省会城市；白银市则属于低人均水资源量和高人均用水量类型的城市，人均用水量为人均水资源量的 5.51 倍，是水资源供求矛盾最为尖锐的城市。尽管海东市的人均用水量相对较高，但其人均水资源量也较高。相对而言，定西市属于高人均水资源量和低人均用水量类型的城市，人均水资源量约为人均用水量的 6.91 倍。

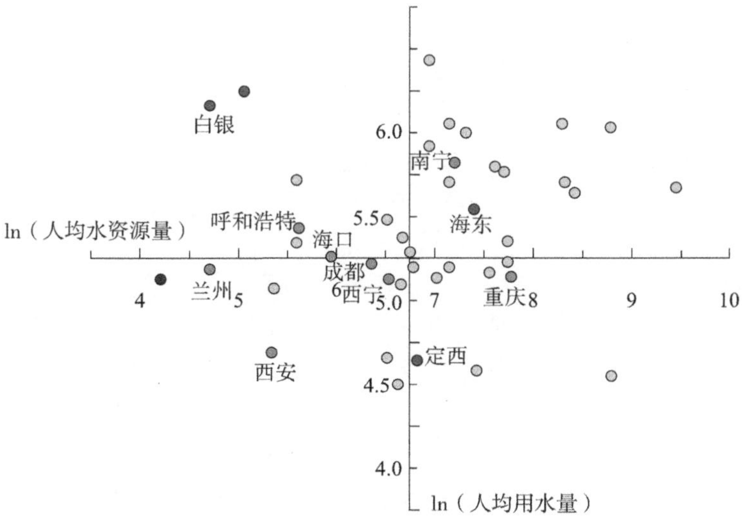

图 3-12　西部跨界经济区主要城市人均水资源量与人均用水量的关系

---

① 数据来源：各省区市 2020 年的水资源公报及第七次全国人口普查公报。

本章小结

本章在借助泛克里金空间插值法及综合考虑国家战略安排、省级区域经济发展规划等因素确定兰州—西宁地区空间范畴的基础上，以统计数据为主要依据，综合应用数理统计方法和ArcGIS可视化功能对该地区的自然资源、人口、经济增长、产业结构变迁、交通基础设施、城镇体系等要素进行了分析与可视化展示，透视了兰州—西宁地区经济与社会发展现状。同时，以西部地区五个国家层面的重点开发区域为分析对象，通过比较剖析了兰州—西宁地区发展面临的挑战。

第4章

兰州—西宁地区县域经济差异的时空演变透视

4.1 测度方法

4.1.1 极差值幅与极差值率

极差值幅(I_v)和极差值率(I_r)反映了区域经济绝对差异与相对差异的最大幅度，分别用某项经济指标的最大值与最小值的差额、比值来表示。两者的值越大，表明区域经济的绝对差异和相对差异越大，反之则越小。计算公式为：

$$I_v = y_{\max} - y_{\min} \tag{4-1}$$

$$I_r = y_{\max} / y_{\min} \tag{4-2}$$

4.1.2 Dagum 基尼系数

Dagum 基尼系数不仅能够识别出区域相对差异的来源及贡献，而且能够有效处理样本子群之间的交叉重叠问题，在分析区域经济差异中具有独特作用(李强谊等，2016；杨明海等，2017；赵磊等，2019；陈明华等，2020)[151-154]。因此，本节采用 Dagum(1997)[155]构建基尼系数的方法来测度兰州—西宁地区经济差异的相对差异程度并对其进行分解，从而揭示出该地区经济差异的构成与来源。计算公式如下：

$$G = \sum_{j=1}^{k} \sum_{h=1}^{k} \sum_{i=1}^{c_j} \sum_{r=1}^{c_h} |y_{ji} - y_{hr}| / 2r^2\overline{y} \tag{4-3}$$

式中，y_{ji}(y_{hr})表示 j(h)区域内任意县域单元的相应指标值，c 表示县域单元的数量，$\bar{y}$ 表示兰州—西宁地区相应经济指标值的平均值，k 表示划分的区域数量，$c_j(c_h)$ 表示 $j(h)$ 区域内县域单元的数量。根据 Dagum 基尼系数分解方法，可将基尼系数进一步分解为区域内基尼系数(G_w)、区域间基尼系数(G_b)和超变密度基尼系数(G_t)，并满足 $G=G_w+G_b+G_t$，具体分解过程及相应计算公式可见相关文献(Dagum，1997)。其中，超变密度基尼系数用来衡量样本子群间的交叉重叠效应。

4.1.3 探索性空间数据分析

4.1.3.1 全局趋势分析

通常一个表面主要由确定性的全局趋势和随机性的短程变异组成。其中，全局趋势反映空间物体在空间区域上变化的主体特征，用于揭示空间物体的总体规律[143]。在全局趋势分析图中，每条竖线代表着一个样本点的属性值(高度)及空间位置，这些样本点被投影到一个由东西方向轴与南北方向轴共同组成的正交平面上，在该平面上以投影点为依据拟合出相应曲线，进而可以模拟特定方向上相关属性可能存在的趋势[156-157]。如果根据兰州—西宁地区相应指标数据拟合而成的曲线是平直的，则意味着该指标数据在特定方向上不存在趋势，反之则存在某种变化趋势。

4.1.3.2 标准差椭圆

标准差椭圆通常被用来分析经济现象的空间分布方向及趋势。椭圆长半轴表示相关经济属性分布的方向，而短半轴则表示相关经济属性分布的范围。长短半轴的差距(即椭圆扁率)越大表示相关经济属性分布的方向性越强，反之则表明其方向性越弱，当长半轴与短半轴相等时则说明相关经济属性的分布没有方向性特征。旋转角度表示相应经济属性分布的主要方向，相关运行公式为[144]：

椭圆中心坐标：

$$SDE_x = \sqrt{\frac{\sum_{i=1}^{n}(x_i - \overline{X})^2}{n}}$$

$$SDE_y = \sqrt{\frac{\sum_{i=1}^{n}(y_i - \overline{Y})^2}{n}} \tag{4-4}$$

式中：x_i、y_i 是县域 i 的坐标，n 表示县域的数量。

椭圆旋转角：

$$\tan\theta = \frac{A+B}{C}$$

$$\begin{cases} A = \sum_{i=1}^{n} \bar{x}_i^2 - \sum_{i=1}^{n} \bar{y}_i^2 \\ B = \sqrt{\left(\sum_{i=1}^{n} \bar{x}_i^2 - \sum_{i=1}^{n} \bar{y}_i^2\right)^2 + 4\left(\sum_{i=1}^{n} \bar{x}_i \bar{y}_i\right)^2} \\ C = 2\sum_{i=1}^{n} \bar{x}_i - \bar{y}_i \end{cases} \tag{4-5}$$

式中，$\bar{x}_i$、$\bar{y}_i$ 分别表示各县域坐标到平均中心的偏差。

x 轴、y 轴的标准差：

$$\begin{cases} \sigma_x = \sqrt{2}\sqrt{\sum_{i=1}^{n} (\bar{x}_i\cos\theta - \bar{y}_i\sin\theta)^2/n} \\ \sigma_y = \sqrt{2}\sqrt{\sum_{i=1}^{n} (\bar{x}_i\sin\theta - \bar{y}_i\cos\theta)^2/n} \end{cases} \tag{4-6}$$

4.2　基于人均生产总值的经济差异时空演变

4.2.1　人均生产总值的测度及动态演进

人均生产总值是衡量区域经济发展水平的重要指标之一，这里采用地区生产总值与常住人口之比来计算兰州—西宁地区各县域单元的人均生产总值。计算公式如下：

$$y_i = \frac{GDP_i}{P_i} \tag{4-7}$$

式中，y_i、GDP_i 和 P_i 分别表示县域 i 的人均生产总值、生产总值和常住人口数量。普查年份的常住人口数据采用各县公布的数据，非普查年份的常住人口数据以普查年份数据和年均增长速度为基础推算而得。地区生产总值为各县域单元以 2010 年为基期的实际生产总值。

基于上述公式可以计算得出 2000—2020 年兰州—西宁地区 49 个县域的人均生产总值(见表 4-1)。从年度平均值来看，县域尺度下兰州—西宁地区的人均生产总值由 2000 年的 5842 元上升至 2020 年的 36712 元，年均增长速度为 9.63%。然而，年度增长速度却在波动中呈现出下降趋势，2001—2013 年的增长速度在波动中由 8.9%提高至 14.27%；2014—2020 年增长速度明显低于前一时期，在波动中由 9.15%下降至 1.11%。

表 4-1　兰州—西宁地区县域人均生产总值的描述性统计量

年份	最大值	最小值	平均值	年份	最大值	最小值	平均值	年份	最大值	最小值	平均值
2000	21064	878	5842	2007	44923	2076	11933	2014	87616	4691	27979
2001	22887	1061	6362	2008	47818	2330	13465	2015	97678	5137	30297
2002	25247	1245	6985	2009	53271	2544	15047	2016	105885	5557	32282
2003	28051	1410	7630	2010	58644	2790	17117	2017	114465	5769	32844
2004	31751	1550	8479	2011	65649	3219	19564	2018	121009	6161	34664
2005	35498	1690	9486	2012	69075	3656	22433	2019	117144	6518	36308
2006	39898	1874	10564	2013	75817	4123	25634	2020	104457	6909	36712

借助核密度图可以更为详细地判断兰州—西宁地区人均生产总值的分布及演进情况(见图 4-1)。其中，采用高斯核作为核密度函数的形式。由图 4-1 可以看出，第一，核密度曲线持续向右移动，且主峰高度存在不断下降的趋势，表明以人均生产总值衡量的县域经济发展水平不断提高，且低人均生产总值的县域数量在减少。第二，核密度曲线主体为“单峰”分

布，意味着县域经济发展未出现明显的“两极分化”现象。同时，核密度曲线的分布延展性有所拓展，右拖尾有逐渐拉长的趋势，且存在着小波峰的现象，说明县域人均生产总值分布存在俱乐部收敛的可能性。

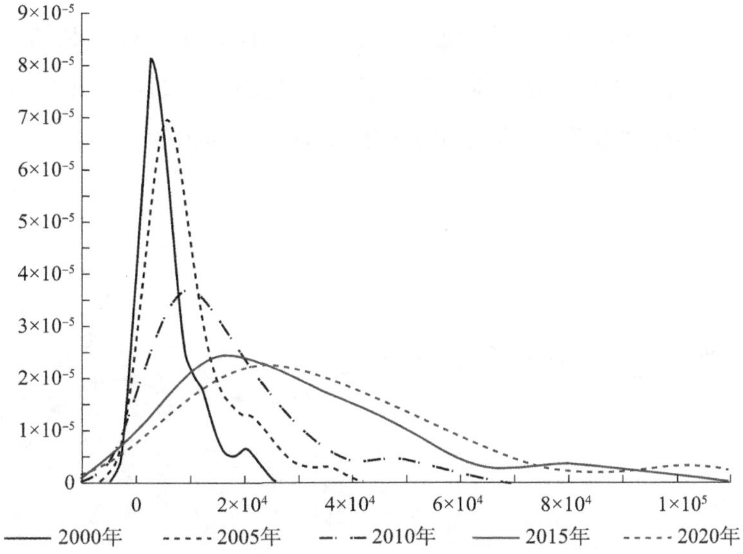

图 4-1　兰州—西宁地区主要年份县域人均生产总值的核密度估计

4.2.2　人均生产总值差异及其来源

经济差异可分为绝对差异和相对差异两类，两类差异的研究同等重要，因为它们之间的变化常常是不同步或者同向的，因而包含的信息量会更多一些。由于区位条件、资源禀赋以及经济社会发展基础等，兰州—西宁地区县域经济发展水平的差异很大。2020 年西宁市城西区(最高)人均生产总值达到了 10.45 万元，而东乡县(最低)人均生产总值仅为 6909 元，前者是后者的 15.12 倍。尽管受到统计指标性能等因素的综合影响，人均生产总值差距或许不能完全反映各县域经济发展水平的差距，但至少可以直观地说明作为省会城市主城区的城西区，其经济发展水平是远超过东乡县的。

从变化趋势来看，2000—2020 年人均生产总值的极差值幅在波动中由 2.02 万元上升至 9.75 万元，增长了 3.83 倍；极差值率在波动中由 23.99 下降至 15.12(见图 4-2)，说明兰州—西宁地区县域经济的相对差异呈现出缩小的态势，而绝对差异呈现出扩张的态势。这意味着落后县域的经济虽然也在不断发展，但它们因绝对差距的扩大而处于某种不利的地位，经济发展水平有可能会出现相对下降。需要注意的是，2019—2020 年极差值幅和极差值率的“双降低”是以最大值的下降作为前提的。

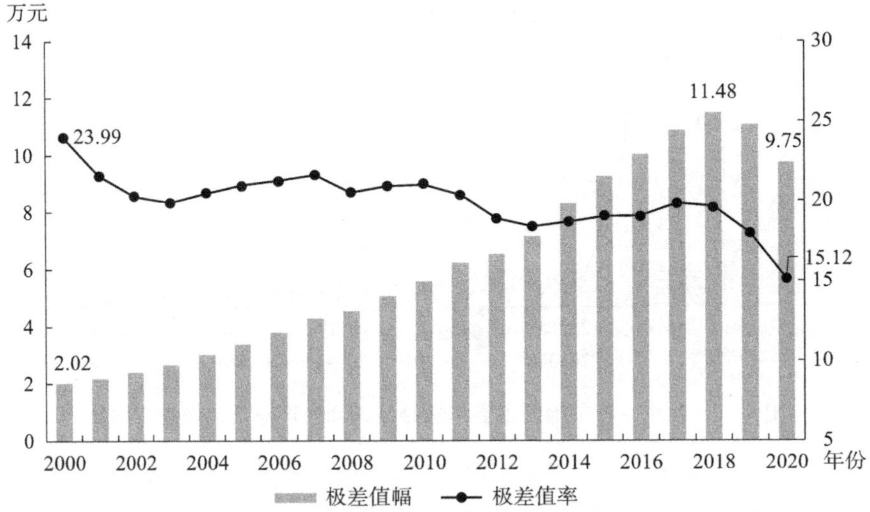

图 4-2　2000—2020 年兰州—西宁地区人均生产总值的极值差异情况

极值差异仅仅反映了区域差异的某个侧面，还需要对兰州—西宁地区经济差异的总体情况做更全面和深入的分析。考虑到兰州—西宁地区的实际情况，采用两种方法进行区域划分：①按照各县域单元所在省份将其分为两组，即甘肃组和青海组；②相对于一般县而言，市辖区和县级市有其特殊性，因而按照县域单元属性将其划分为两组，即城区组(包含市辖区与县级市)[①]和一般组。于是，根据式(4-3)及其分解公式可计算出兰州—

① 市辖区：西宁市的城东区、城中区、城西区、城北区，海东市的平安区、乐都区，兰州市的城关区、七里河区、安宁区、西固区、红古区，白银市的白银区、平川区，定西市的安定区；县级市：临夏市。两者合计为 15 个县域行政单元。由于受到研究时限的约束，2019 年撤县设区的湟中和 2020 年撤县设市的同仁未包含在市辖区和县级市的计算范畴。

西宁地区人均生产总值的各类基尼系数。

2000—2020 年兰州—西宁地区人均生产总值的总体基尼系数在波动中呈现出下降趋势，下降幅度为 16. 24%（见表 4-2），这意味着研究期内兰州—西宁地区县域间的相对经济差异有所缩小。基于省份分组来看，组内基尼系数在波动中呈现下降态势，下降幅度为 17. 62%；而组间基尼系数则在波动中呈现上升态势，上升了 54. 29%；超变密度基尼系数由 0. 180 降低为 0. 129，下降幅度为 28. 33%。从贡献率来看，组内基尼系数的贡献率最高，但也呈现出小幅下降的趋势；超变密度基尼系数的贡献率居第二位，但在波动中下降了 6. 02 个百分点；尽管组间基尼系数的贡献率最小，但却呈现出较为明显的上升态势，由 2000 年的 8. 17%提高至 2020 年的 15. 16%。这表明两省内部县域间经济差异是形成兰州—西宁地区经济差异的主要来源，但其影响程度略有减弱。需要注意的是，两省间县域经济差异对兰州—西宁地区经济差异的影响程度明显增强，意味着省际交界存在的屏障性“边界效应”将对区域协同及一体化发展产生不利影响。

表 4-2 按照省份分组的人均生产总值 Dagum 基尼系数及贡献率

年份	基尼系数				贡献率(%)		
	总体 G	组内 G_w	组间 G_b	超变密度 G_t	组内 G_w	组间 G_b	超变密度 G_t
2000	0. 425	0. 210	0. 035	0. 180	49. 45	8. 17	42. 38
2001	0. 415	0. 205	0. 034	0. 176	49. 42	8. 18	42. 40
2002	0. 410	0. 202	0. 031	0. 177	49. 36	7. 55	43. 09
2003	0. 400	0. 197	0. 026	0. 177	49. 29	6. 54	44. 17
2004	0. 397	0. 196	0. 022	0. 179	49. 36	5. 61	45. 03
2005	0. 399	0. 197	0. 017	0. 184	49. 45	4. 32	46. 22
2006	0. 395	0. 195	0. 016	0. 184	49. 40	4. 03	46. 58
2007	0. 394	0. 194	0. 014	0. 186	49. 30	3. 52	47. 19
2008	0. 393	0. 193	0. 016	0. 184	49. 17	3. 97	46. 86
2009	0. 396	0. 195	0. 02	0. 182	49. 18	4. 95	45. 88

续表

年份	基尼系数				贡献率(%)		
	总体 G	组内 G_w	组间 G_b	超变密度 G_t	组内 G_w	组间 G_b	超变密度 G_t
2010	0. 398	0. 195	0. 026	0. 176	49. 13	6. 51	44. 36
2011	0. 392	0. 192	0. 029	0. 172	48. 87	7. 35	43. 79
2012	0. 388	0. 189	0. 036	0. 163	48. 68	9. 20	42. 12
2013	0. 388	0. 189	0. 042	0. 157	48. 71	10. 78	40. 51
2014	0. 381	0. 185	0. 041	0. 155	48. 61	10. 68	40. 71
2015	0. 379	0. 184	0. 046	0. 15	48. 47	12. 07	39. 46
2016	0. 376	0. 182	0. 046	0. 148	48. 47	12. 15	39. 39
2017	0. 38	0. 185	0. 042	0. 153	48. 65	11. 02	40. 33
2018	0. 377	0. 183	0. 043	0. 15	48. 69	11. 46	39. 85
2019	0. 371	0. 180	0. 049	0. 142	48. 60	13. 15	38. 26
2020	0. 356	0. 173	0. 054	0. 129	48. 48	15. 16	36. 36

基于县域属性分组来看，组内基尼系数、组间基尼系数和超变密度基尼系数均在波动中呈现下降的态势，下降幅度分别为 17. 79%、10. 87%和 51. 52%。从贡献率来看，组间基尼系数的贡献率最高且在波动中呈现出上升的态势；组内基尼系数和超变密度基尼系数的贡献率则在波动中分别下降了 0. 51 个百分点和 3. 17 个百分点(见表 4-3)。这表明城区(含县级市)与一般县域之间的经济差异不仅是形成兰州—西宁地区经济差异的主要来源，而且其影响程度有增强的趋势。

表 4-3　按照县域属性分组的人均生产总值 Dagum 基尼系数及贡献率

年份	基尼系数				贡献率(%)		
	总体 G	组内 G_w	组间 G_b	超变密度 G_t	组内 G_w	组间 G_b	超变密度 G_t
2000	0. 425	0. 163	0. 230	0. 033	38. 22	53. 99	7. 79
2001	0. 415	0. 158	0. 227	0. 029	38. 13	54. 78	7. 10
2002	0. 410	0. 155	0. 227	0. 028	37. 92	55. 29	6. 80
2003	0. 400	0. 148	0. 231	0. 022	36. 86	57. 76	5. 38

续表

年份	基尼系数				贡献率(%)		
	总体 G	组内 G_w	组间 G_b	超变密度 G_t	组内 G_w	组间 G_b	超变密度 G_t
2004	0. 397	0. 146	0. 229	0. 022	36. 87	57. 69	5. 44
2005	0. 399	0. 146	0. 232	0. 021	36. 69	58. 02	5. 29
2006	0. 395	0. 143	0. 234	0. 018	36. 18	59. 33	4. 49
2007	0. 394	0. 140	0. 237	0. 017	35. 60	60. 14	4. 26
2008	0. 393	0. 140	0. 237	0. 016	35. 72	60. 14	4. 15
2009	0. 396	0. 145	0. 234	0. 018	36. 50	59. 05	4. 45
2010	0. 398	0. 148	0. 230	0. 019	37. 32	57. 86	4. 81
2011	0. 392	0. 148	0. 227	0. 018	37. 62	57. 72	4. 67
2012	0. 388	0. 150	0. 218	0. 02	38. 67	56. 12	5. 21
2013	0. 388	0. 155	0. 209	0. 025	39. 86	53. 83	6. 32
2014	0. 381	0. 148	0. 213	0. 02	38. 73	55. 93	5. 34
2015	0. 379	0. 148	0. 211	0. 02	39. 05	55. 64	5. 32
2016	0. 376	0. 146	0. 211	0. 019	38. 69	56. 14	5. 16
2017	0. 38	0. 137	0. 227	0. 016	36. 06	59. 82	4. 13
2018	0. 377	0. 136	0. 226	0. 015	36. 00	59. 96	4. 04
2019	0. 371	0. 136	0. 219	0. 016	36. 69	59. 00	4. 31
2020	0. 356	0. 134	0. 205	0. 016	37. 71	57. 67	4. 62

进一步观察不同分组条件下各组内部人均生产总值的基尼系数可以发现(见图 4-3)：基于省份分组而言，尽管甘肃组和青海组各自内部的基尼系数均呈现出下降态势，但是甘肃组的县域间经济差异却始终明显高于青海组，这表明甘肃组人均生产总值的分化程度高于青海组。基于县域属性分组而言，尽管一般组与城区组各自内部的基尼系数亦在波动中下降，但是一般县域间的经济差异持续明显高于城区间的经济差异，这表明一般组内部的人均生产总值分化程度大于城区组。

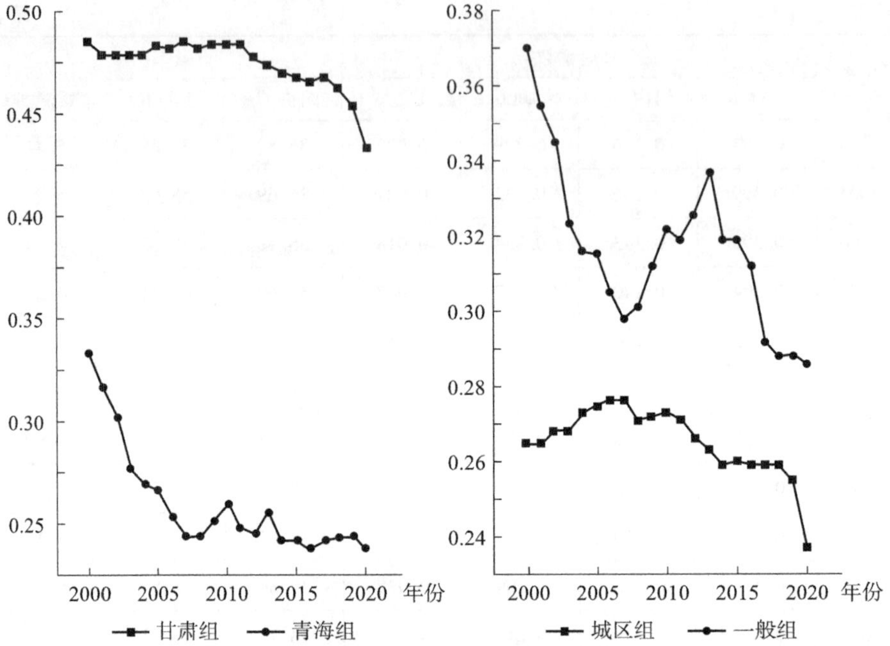

图 4-3　不同分组条件下各组内人均生产总值的基尼系数变化情况

4.2.3　人均生产总值的空间差异演变

借助 ArcGIS 软件中的自然间断点分级法(Jenks)将兰州—西宁地区主要年份县域尺度的人均生产总值划分为低、中低、中高和高四种类型：

第一，从各种类型的县域单元数量的变化情况来看，低水平类型的县域数量由 24 个减少到 14 个，而其他类型的县域数量均有所增加，尤其是中高水平类型的县域数量增加最多，增长幅度达到了 87.5%。这一方面反映出研究期内县域尺度下兰州—西宁地区的人均生产总值在不断提高，经济发展延续着稳中向好的态势；另一方面则意味着县域经济差异可能出现了某种程度的缩小。

第二，从空间分布上来看，研究期内兰州市、西宁市和白银市的主城区基本属于中高水平和高水平两种类型，而海东市的乐都区、平安区逐渐由中低水平甚至低水平类型转为中高水平类型。不仅如此，这些城市主城区的周边县域亦逐渐由低一级类型转向高一级类型，这表明城市主城区已成为推动区域经济发展的增长极。与此形成对比的是，定西市的一区四县、临夏州的七个县以及白银市的会宁县始终处于低水平类型。比较而言，甘肃片区的县域类型基本保持稳定或者转向高一级类型，青海片区的县域类型转换较为复杂，既有由低一级类型转向高一级类型的情形，也出现了尖扎县由高水平类型转为中高水平类型的情形。

第三，从空间分布特点来看，县域人均生产总值具有梯次性以及圈层式特征的“核心—外围”空间格局逐渐显现。但是需要注意的是，低水平类型存在板块集聚特征，意味着中心城市主城区的辐射半径有限。

与此同时，绘制县域尺度下兰州—西宁地区人均生产总值分布的全局趋势图能更加清晰地揭示其空间变化趋势（见图 4-4）。其中，X 轴、Y 轴分别表示人均生产总值在东西方向和南北方向的趋势。观察图 4-4 可知，2000 年和 2020 年人均生产总值在东西方向、南北方向的投影线基本一致。东西方向上的投影趋势线虽较为平坦，但大致有倒 U 型的雏形；南北方向的投影趋势线维持着显著的倒 U 型特征，说明人均生产总值基本形成“中间高、四周低”的格局。

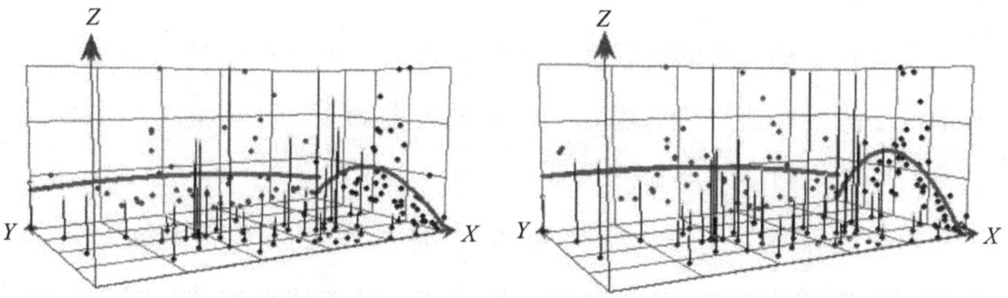

（a）2000年　　（b）2020年

图 4-4　兰州—西宁地区县域人均生产总值的全局趋势

进一步应用标准差椭圆工具对兰州—西宁地区人均生产总值的空间分布趋势进行定量识别。具体而言，椭圆周长先是由 2000 年的 822.32 千米持续上升至 2015 年的 848.81 千米，而后下降为 2020 年的 816.13 千米；

椭圆面积则是先由 2000 年的 4.36×10^4 平方千米持续下降至 2010 年的 4.29×10^4 平方千米，而后逆势上升至 2015 年的 4.41×10^4 平方千米再下降为 2020 年的 4.11×10^4 平方千米。综合来看，尽管椭圆的周长和面积有不同的阶段性变化，但总体上均呈现出在波动中下降的趋势，下降幅度分别为 0.75%和 6.8%。椭圆范围的缩小意味着人均生产总值空间分布的集中程度越来越高。

椭圆长半轴先是由 2000 年的 172.92 千米持续增加至 2015 年的 182.47 千米，而后下降至 2020 年的 174.83 千米，而短半轴长度则是由 2000 年的 80.3 千米持续下降至 2020 年的 74.86 千米。长半轴长度在波动中拉长，短半轴长度持续缩短，表明人均生产总值的空间分布虽然在主要方向上趋于分散，但向心力趋于增强。与此相对应的是，椭圆扁率也在波动中由 2000 年的 2.15 上升至 2020 年的 2.34，表明人均生产总值空间分布的方向趋势愈加明显。

椭圆的空间旋转角先是由 2000 年的 101.849° 上升至 2015 年的 104.271°，而后下降至 2020 年的 102.058°，说明人均生产总值基本保持了“偏西北—偏东南”的空间分布方向，与兰州、西宁之间的交通线走向基本一致。

结合长短半轴与空间旋转角的变化来看，兰州—西宁地区县域人均生产总值的空间分布格局较为稳定，以东西方向为主导，南北方向的影响较弱，且空间溢出效应不明显。

从重心迁移路径来看(见图 4-5)，各考察时间截面的椭圆重心在 102.62°~103.73°E、36.34°~36.44°N 移动，具体地点大致位于民和县与乐都区的交界地区；从迁移方向来看，先是在民和县境内向东北方向移动，而后向西北方向移动至乐都区境内，再在乐都区境内向东南方向移动，研究期内椭圆重心总体上移向西北方向，移动距离约为6.17 千米。

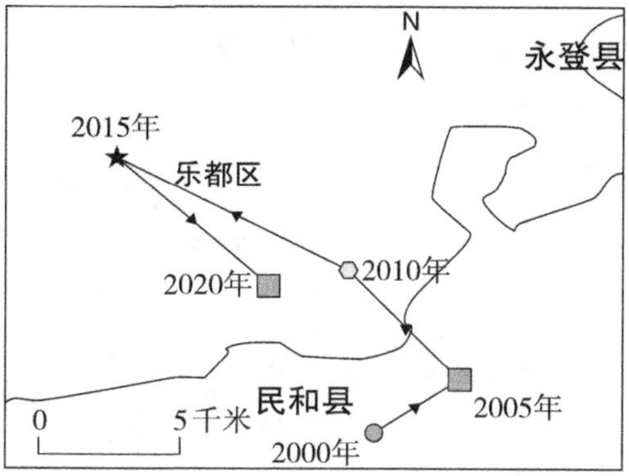

图 4-5　兰州—西宁地区人均生产总值的标准差椭圆重心迁移路径

分区域来看，2000—2020 年甘肃片区的椭圆周长由 444. 25 千米增加至 472. 27 千米，椭圆面积由 1. 57×10^4 平方千米扩大至 1. 77×10^4 平方千米，椭圆扁率由 1. 27 下降至 1. 24，空间旋转角由 79. 489°上升至 92. 414°；青海片区的椭圆周长由 616. 99 千米下降至 571. 56 千米，椭圆面积由 3. 03×10^4 平方千米缩小至 2. 22×10^4 平方千米，椭圆扁率由 2. 08 上升至 2. 11，空间旋转角由 127. 859°下降至 119. 535°。比较而言，青海片区人均生产总值空间分布的集中程度趋于提高，而甘肃片区的集中程度趋于降低；青海片区空间分布的方向性特征强于甘肃片区且呈现出增强的趋势，而甘肃片区的方向性特征趋于减弱；青海片区的空间分布格局以南北方向为主导，东西方向的影响较弱，而甘肃片区东西方向的影响略强于南北方向，同时两片区的椭圆覆盖范围基本保持稳定，说明空间溢出效应不明显。

进一步观察还可以发现（见图 4-6），两片区椭圆的重心分别在皋兰县和湟中区呈现出先移向西北再向东南移动的轨迹，总体上甘肃片区和青海片区的椭圆重心分别向东北方向移动了 2. 28 千米和 7. 25 千米；尽管两者的重心同向同行，但研究期内重心之间的距离减少了 0. 35 千米。

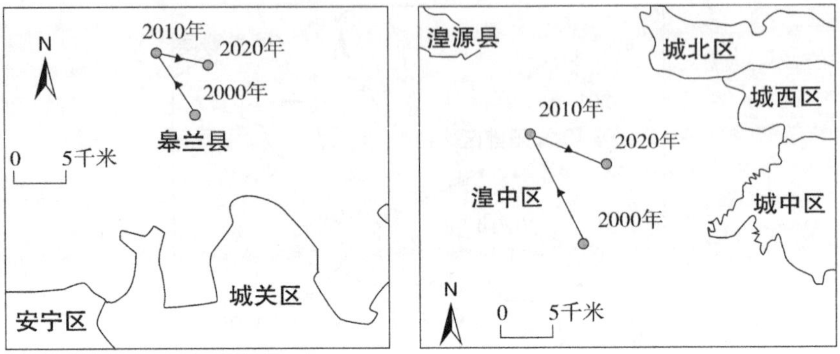

（a）甘肃片区　　　　（b）青海片区

图 4-6　分区域人均生产总值的标准差椭圆重心迁移路径

4.3　基于综合指数的经济差异时空演变

4.3.1　指标体系构建

尽管人均生产总值是衡量区域经济发展水平的重要指标之一，但是也有其局限性。受地理环境等因素的影响，兰州—西宁地区的某些县域常住人口数量少，即使经济总量与其他县域基本相同甚至偏低，也会导致人均生产总值畸高。还有一些县域由于资源开发等，地区生产总值和人均生产总值核算偏高，但其真实的经济社会发展水平并未达到相应水平。于是，为弥补上述局限性，本节构建了兰州—西宁地区县域综合发展水平的评价指标体系，以期更全面客观地反映县域经济差异的时空演变趋势。

构建评价指标体系要兼顾以下原则：第一，全面性原则，即指标体系应尽可能覆盖经济发展的主要方面。费景汉与拉尼斯（John C. H. Fei and Gustav Ranis，1997，1999）认为成功发展的“底线”最终必须以它对减轻贫困、收入分配的调整、人类生活质量不断改善的贡献来衡量[158]。因此，经济发展既要关注生产总值、投资、消费等衡量经济增长的指标，也要包含经济结构变迁、居民收入水平、生活质量以及生态环境等方面的指标。

本节从规模、结构和绩效三个维度来构建兰州—西宁地区县域经济发展水平的综合评价指标体系(见图 4-7)。第二，动态性原则，即指标体系选取的指标不仅要内涵、统计口径一致，而且应有可比较的历史数据。第三，可获性原则，即指标数据要么能通过官方统计资料获取或者得到印证，要么能通过访谈或者相应的技术处理获得。对于县域尺度的研究而言，指标数据的可获性尤为重要。

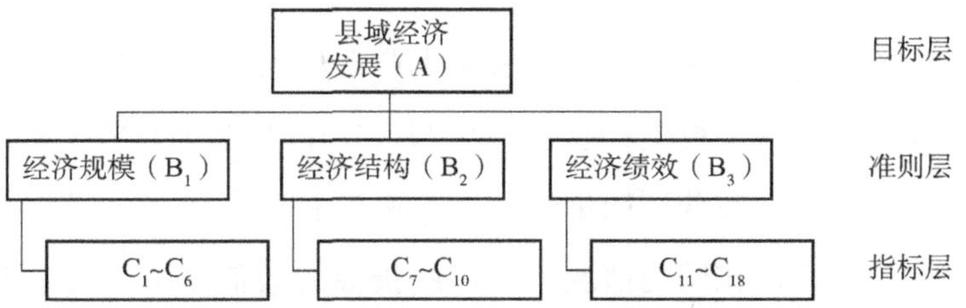

图 4-7　县域经济发展综合评价指标体系的层次结构模型

经济规模维度包括 6 个指标(见表 4-4)。采用地区生产总值、一般公共预算收入、社会消费品零售总额、固定资产投资总额和金融机构年末贷款余额占地区生产总值的比重分别衡量县域经济总量、财政实力、消费水平、投资水平和金融发展规模。当然，现代经济活动都会存续于夜间表现，而灯光是夜间表现的显性信息，经济活动强度越大，夜间表现也一定越强烈，相应地，灯光亮度也会越明显。基于遥感技术手段获得的夜间灯光数据可以减少人为因素等干扰，许多研究文献倾向于将其作为现行经济统计指标的必要“补缺”甚至是替代指标。国内外相关实证研究也表明，夜间灯光照明与 GDP 存在着较为密切的关系[159-164]，即夜间灯光数据能够反映当地的经济发展水平。于是，在前述五个指标的基础上，采用平均夜间灯光指数作为补充指标来共同评估兰州—西宁地区的县域经济规模。通常情况下，这些指标的数值越大意味着经济规模也越大，属于正向指标。

经济结构维度包括 4 个指标。产业结构和城乡结构是经济结构研究的重要内容，本节采用三次产业增加值占地区生产总值比重衡量产业结构变迁，采用城乡居民人均可支配收入之比衡量城乡二元经济结构水平。根据产业结构演变的一般规律，随着工业化和经济服务化，第一产业增加值比重将呈现出下降的趋势，第二产业增加值比重、第三产业增加值比重将呈现出上升的趋势，故第一产业增加值比重属于负向指标，第二产业增加值比重、第三产业增加值比重为正向指标。与此同时，城乡居民收入差距越小意味着城乡差别越小，反之则城乡差别越大，故城乡居民人均可支配收入之比为负向指标。

经济绩效维度包括 8 个指标。采用生产总值增长率、城乡居民人均储蓄存款、农村居民人均可支配收入、每万人口中普通中小学在校生、每千人拥有医疗机构床位数分别衡量经济增长速度和城乡居民从经济增长中的获得感。在其他条件相同的情况下，这些指标的数值越大，意味着经济增长潜力和人民群众的获得感越高，故这五个指标为正向指标。效率变革是推动经济高质量发展的关键所在，所以采用经济效率指标来评估生产要素优化配置的程度，一般而言，经济效率越高表明资源优化配置的程度越高，故该指标属于正向指标。当然，由于资源消耗，经济增长也会产生一些非期望产出，因此采用二氧化碳排放量、县城废水排放量两个指标衡量经济发展对生态环境的影响，这两个指标的数值越小意味着经济发展对生态环境的影响越小，故它们属于负向指标。

表 4-4　县域经济综合发展水平的评价指标体系

目标层	准则层	指标层	属性	单位
县域经济发展(A)	经济规模(B_1)	地区生产总值(C_1)	+	亿元
		一般公共预算收入(C_2)	+	亿元
		社会消费品零售总额(C_3)	+	亿元
		固定资产投资总额(C_4)	+	亿元
		金融机构年末贷款余额占地区生产总值比重(C_5)	+	%
		平均夜间灯光指数(C_6)	+	纳瓦/(平方厘米·球面度)

续表

目标层	准则层	指标层	属性	单位
县域经济发展(A)	经济结构(B_2)	第一产业增加值占生产总值比重(C_7)	-	%
		第二产业增加值占生产总值比重(C_8)	+	%
		第三产业增加值占生产总值比重(C_9)	+	%
		城乡居民人均可支配收入之比(C_{10})	-	—
	经济绩效(B_3)	生产总值增长率(C_{11})	+	%
		城乡居民人均储蓄存款(C_{12})	+	万元
		农村居民人均可支配收入(C_{13})	+	元
		每万人口中普通中小学在校生(C_{14})	+	人
		每千人拥有医疗机构床位数(C_{15})	+	张
		经济效率(C_{16})	+	—
		二氧化碳排放量(C_{17})	-	百万吨
		县城废水排放量(C_{18})	-	万立方米

对于在统计资料中不能直接获取经济效率、二氧化碳排放量以及平均夜间灯光指数数据的情况，采用以下方法计算和处理：

(1)经济效率采用 SBM 超效率模型测算。该模型既考虑了一般 DEA 模型测量无效率时不包含松弛变量的问题，又兼顾了有效单元的排序问题，是测度县域经济效率理想模型之一。具体计算方法为[165]：

$$\min\rho_{se} = \frac{1 - \left(\sum_{i=1}^{m} s_i^- / x_{ik}\right) / m}{1 + \left(\sum_{r=1}^{q} s_r^+ / y_{rk}\right) / q}$$

$$\text{s.t.} \sum_{j=1,\ j\neq k}^{n} x_{ij}\lambda_j - s_i^- \leqslant x_{ik}$$

$$\sum_{j=1,\ j\neq k}^{n} y_{rj}\lambda_j + s_r^+ \geqslant y_{rk}$$

$$\sum_{j=1,\ j\neq k}^{n} y_{rj}\lambda_j = 1$$

$$\lambda,\ s^-,\ s^+ \geqslant 0$$

$$i=1,\ 2,\ \cdots,\ m;\ r=1,\ 2,\ \cdots,\ q;\ j=1,\ 2,\ \cdots,\ n(j\neq k) \quad (4-8)$$

式中，m、q 分别表示投入、产出指标的数量，x_{ik}、y_{rk}分别表示投入、产出指标的数值，s_i^-、s_r^+ 分别表示投入、产出指标的松弛变量，λ 为权重向量。由于各县域单元发展面临的约束条件不同，需要在此模型基础上增加约束条件 $\sum_{j=1,\ j\neq k}^{n} y_{rj}\lambda_j = 1$ 将其转变为规模收益可变的 SBM 模型。

投入产出变量的选取将影响 SBM 超效率模型计算结果的准确性，因此以经济增长理论中的生产函数为参考标准，选取劳动、资本作为投入变量，地区生产总值、一般公共预算收入为产出变量。其中，选择固定资产投资额作为资本存量的替代指标，以单位从业人数与乡村从业人员之和为劳动变量的替代指标。在单位就业人数缺失时，以在岗职工人数代替。计算结果如表 4-5 所示。

表 4-5 2010—2020 年兰州—西宁地区县域经济效率的统计量

年份	2010	2011	2012	2013	2014	2015	2016	2017	2018	2019	2020
最小值	0.091	0.100	0.102	0.069	0.079	0.139	0.147	0.105	0.092	0.078	0.120
最大值	2.125	2.149	2.248	2.107	1.964	1.873	1.826	1.753	1.776	1.905	1.977
平均值	0.443	0.417	0.437	0.466	0.488	0.502	0.492	0.471	0.415	0.479	0.532
标准差	0.456	0.423	0.436	0.441	0.429	0.417	0.419	0.402	0.397	0.407	0.435
峰度	3.651	5.553	5.301	2.712	1.627	1.013	1.583	0.947	2.648	2.234	1.199
偏度	1.963	2.277	2.146	1.654	1.440	1.281	1.519	1.322	1.759	1.584	1.264

（2）二氧化碳排放量数据。2010—2017 年的二氧化碳排放量数据采用陈建东等的研究成果[166]。其中，大通县与民和县的数据缺失，采用周边县域二氧化碳排放量的平均值代替。2018—2020 年的二氧化碳排放量数据则是以各县域 1997—2017 年的数据为基础，采用 ARIMA 模型预测而得。其中，城中区、城北区和互助县的 ARIMA 模型残差不满足白噪声要求，采用指数平滑法中的三次平滑法预测而得（见表 4-6）。

表 4-6 2010—2020 年兰州—西宁地区县域二氧化碳排放量的统计量

年份	2010	2011	2012	2013	2014	2015	2016	2017	2018	2019	2020
最小值	0.105	0.227	0.255	0.314	0.330	0.309	0.322	0.397	0.413	0.429	0.444
最大值	8.193	9.109	8.840	8.671	8.714	8.009	8.185	8.468	8.702	9.013	9.360
平均值	1.736	2.072	2.070	2.206	2.239	2.051	2.096	2.312	2.405	2.506	2.616

续表

年份	2010	2011	2012	2013	2014	2015	2016	2017	2018	2019	2020
标准差	1.695	1.947	1.926	1.973	1.957	1.768	1.782	1.906	1.964	2.036	2.114
峰度	3.792	3.440	3.331	3.088	3.015	2.942	3.037	2.451	2.470	2.354	2.183
偏度	1.815	1.776	1.770	1.720	1.675	1.639	1.634	1.513	1.504	1.479	1.445

(3)平均夜间灯光数据。目前夜间灯光数据有 DMSP/OLS 和 NPP/VIIRS 两种类型，前者的测度时限为 1992—2013 年，后者则可以提供 2012 年 4 月至今的数据。当然，这两种数据各有优劣，为了获取长时间序列的夜间灯光数据，通常需要融合两种数据。基于此，参考相关文献[167-168]，通过构建拟合模型将 NPP/VIIRS 数据拟合为 DMSP/OLS 数据，进而得到兰州—西宁地区各县域单元 2000—2020 年的夜间灯光数据，并选取 2010—2020 年的数据用于分析①(见图 4-8、表 4-7)。

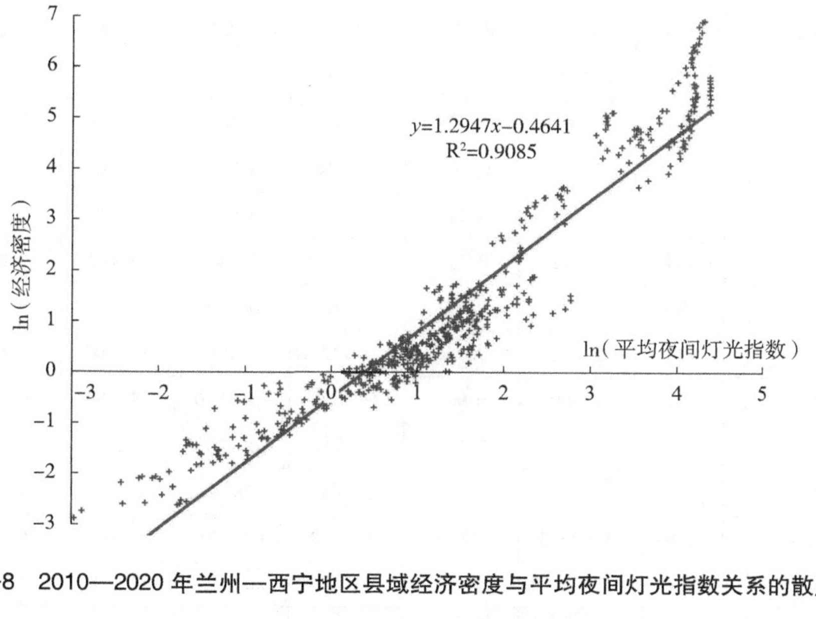

图 4-8　2010—2020 年兰州—西宁地区县域经济密度与平均夜间灯光指数关系的散点图

① 平均夜间灯光指数的取值范围为[0，63]，研究期内没有县域单元的平均夜间灯光指数接近 63，因而可认为 2010—2020 年兰州—西宁地区的平均夜间灯光指数不存在取值上限问题。

表 4-7　2010—2020 年兰州—西宁地区县域平均夜间灯光指数的统计量

年份	2010	2011	2012	2013	2014	2015	2016	2017	2018	2019	2020
最小值	0. 063	0. 068	0. 135	0. 163	0. 183	0. 160	0. 152	0. 192	0. 197	0. 213	0. 200
最大值	49. 511	49. 956	59. 624	59. 136	59. 504	59. 000	59. 020	59. 512	59. 073	59. 076	59. 101
平均值	7. 853	8. 229	9. 501	9. 446	10. 359	10. 255	10. 313	10. 852	10. 923	11. 180	11. 410
标准差	13. 505	14. 075	15. 618	15. 394	16. 219	16. 138	16. 339	16. 680	16. 479	16. 672	17. 001
峰度	3. 135	2. 866	2. 777	2. 871	2. 451	2. 538	2. 440	2. 298	2. 273	2. 206	2. 181
偏度	2. 084	2. 037	2. 010	2. 033	1. 956	1. 976	1. 959	1. 924	1. 915	1. 896	1. 899

经过上述分析和处理，可以得到兰州—西宁地区县域经济发展综合评价指标体系中 18 个指标的数据结果及相应的统计量(见表 4-8)。

表 4-8　兰州—西宁地区县域经济发展综合评价体系各指标的统计量

指标	平均值	中位数	标准差	最大值	最小值	峰度	偏度
C_1	86. 658	47. 585	119. 238	896. 777	6. 939	16. 462	3. 578
C_2	3. 506	2. 041	4. 556	36. 299	0. 166	17. 822	3. 644
C_3	38. 968	11. 887	86. 277	783. 232	0. 781	33. 647	5. 287
C_4	64. 720	41. 941	61. 907	366. 360	3. 031	4. 398	1. 948
C_5	1. 413	0. 962	1. 428	9. 223	0. 109	5. 690	2. 361
C_6	10. 029	3. 225	15. 756	59. 624	0. 063	2. 292	1. 931
C_7	0. 162	0. 154	0. 118	0. 578	0. 000	0. 391	0. 674
C_8	0. 384	0. 372	0. 197	0. 814	0. 047	-1. 046	0. 261
C_9	0. 454	0. 431	0. 177	0. 918	0. 099	-0. 204	0. 448
C_{10}	2. 725	2. 770	0. 756	5. 722	1. 159	-0. 304	0. 090
C_{11}	9. 621	9. 100	6. 903	60. 100	-40. 500	11. 559	-0. 094
C_{12}	2. 765	1. 883	2. 522	14. 602	0. 126	3. 202	1. 754
C_{13}	8604	7513	5086	33108	1814	2. 118	1. 317
C_{14}	1411. 99	1402. 43	334. 09	2699. 39	638. 50	0. 919	0. 457
C_{15}	5. 46	4. 53	3. 31	21. 45	0. 54	3. 221	1. 535
C_{16}	0. 468	0. 267	0. 422	2. 248	0. 069	2. 238	1. 609
C_{17}	2. 210	1. 516	1. 915	9. 360	0. 105	2. 545	1. 586
C_{18}	900	242	1504	8325	20	5. 719	2. 435

4.3.2　基于 CRITIC—熵值法组合权重的 TOPSIS 评价模型

4.3.2.1　CRITIC—熵值法组合权重

构建指标体系后需要对指标赋予相应权重。一般而言，现有的赋权法主要有主观赋权法和客观赋权法。由于主观赋权法受到人们主观因素的影响，可能存在许多偏颇，不能很好地反映指标对综合指数的贡献[169]，故而相关实证研究文献多采用客观赋权法。常用的客观赋权法有熵值法、CRITIC 权重法、标准离差法和 TOPSIS 法等。尽管有研究表明 CRITIC 权重法因为考虑了指标的变异性、冲突性而显得更为全面客观（陶长琪等，2007）[170]，但单一的 CRITIC 法却未能考虑指标间的离散性，需要组合其他方法来弥补这一不足，而熵值法正好符合这样的需求[171-172]。因此，本节采用 CRITIC-熵值法的组合权重进行指标赋权。具体步骤如下：

第一步：数据的无量纲化处理。

由于不同维度的指标值存在着数量级和量纲的差异，需要对指标值进行无量纲化处理。在无量纲化处理时，正向指标和负向指标的处理方法有所不同，具体的处理公式如下：

正向指标：

$$c'_{ij}=\frac{c_{ij}-\min\{c_j\}}{\max\{c_j\}-\min\{c_j\}} \tag{4-9}$$

负向指标：

$$c'_{ij}=\frac{\max\{c_j\}-c_{ij}}{\max\{c_j\}-\min\{c_j\}} \tag{4-10}$$

式中，c'_{ij}为无量纲化后的指标值，$\max\{c_j\}$、$\min\{c_j\}$分别为该指标在所有年份中的最大值和最小值。

第二步：依据 CRITIC 法计算权重。

参考相关文献[172]，可构建基于 CRITIC 法的权重计算公式：

$$w_j=\frac{\sigma_j\sum_{i=1}^{n}(1-r_{ij})}{\sum_{j=1}^{n}\left[\sigma_j\sum_{i=1}^{n}(1-r_{ij})\right]}(j=1,\ 2,\ \cdots,\ n) \tag{4-11}$$

式中，r_{ij} 为指标 i 与指标 j 的相关系数，σ_j 为指标 j 的标准差，$\sigma_j \sum_{i=1}^{n}(1-r_{ij})$ 为指标 j 的信息量。

根据式(4-11)可计算得出基于 CRITIC 法的指标权重(见表 4-9)。

表 4-9　CRITIC 权重结果

指标	变异性	冲突性	信息量	w_j	指标	变异性	冲突性	信息量	w_j
C_1	0.134	11.714	1.570	3.41%	C_{10}	0.166	12.596	2.088	4.54%
C_2	0.126	11.582	1.461	3.17%	C_{11}	0.069	17.92	1.23	2.67%
C_3	0.110	11.92	1.314	2.85%	C_{12}	0.174	11.228	1.956	4.25%
C_4	0.170	13.476	2.296	4.99%	C_{13}	0.163	12.247	1.99	4.32%
C_5	0.157	12.585	1.972	4.28%	C_{14}	0.162	21.964	3.561	7.73%
C_6	0.265	11.836	3.131	6.80%	C_{15}	0.158	13.165	2.086	4.53%
C_7	0.205	12.407	2.54	5.52%	C_{16}	0.193	12.39	2.397	5.21%
C_8	0.257	17.684	4.551	9.88%	C_{17}	0.207	21.261	4.4	9.55%
C_9	0.216	14.604	3.148	6.84%	C_{18}	0.181	24.091	4.362	9.47%

第三步：依据熵值法计算权重。

参考相关文献[173]，依照面板数据熵值法步骤可计算得出各指标的权重。

(1)计算第 i 年第 j 项指标所占比重：

$$w_{ij} = c_{ij} / \sum_{i=1}^{m} c_{ij} \tag{4-12}$$

其中，m 为参与评价的年度数。

(2)计算指标的信息熵值：

$$e_j = -\frac{1}{\ln m} \sum_{i=1}^{m} w_{ij} \cdot \ln w_{ij} \tag{4-13}$$

(3)计算信息熵的冗余度：

$$d_j = 1 - e_j \tag{4-14}$$

(4)依据信息熵冗余度计算指标权重：

$$\varphi_j = d_j / \sum_{j=1}^{m} d_j \tag{4-15}$$

通过上述步骤可计算得出各指标基于熵值法的权重(见表 4-10)。

表 4-10　熵值法权重结果

指标	信息熵值	信息熵冗余度	φ_j	指标	信息熵值	信息熵冗余度	φ_j
C_1	0.9121	0.0879	10.93%	C_{10}	0.9948	0.0052	0.64%
C_2	0.9241	0.0759	9.43%	C_{11}	0.9984	0.0016	0.19%
C_3	0.8766	0.1234	15.34%	C_{12}	0.9459	0.0541	6.72%
C_4	0.942	0.058	7.21%	C_{13}	0.9626	0.0374	4.65%
C_5	0.9397	0.0603	7.50%	C_{14}	0.9852	0.0148	1.84%
C_6	0.8755	0.1245	15.49%	C_{15}	0.9705	0.0295	3.66%
C_7	0.9929	0.0071	0.89%	C_{16}	0.934	0.066	8.21%
C_8	0.9721	0.0279	3.47%	C_{17}	0.9928	0.0072	0.89%
C_9	0.9805	0.0195	2.43%	C_{18}	0.9959	0.0041	0.51%

第四步：计算组合权重。

假定 CRITIC 权重和熵值法权重同等重要，计算两者的算数平均值即可得到指标 j 的组合权重 η_j：

$$\eta_j = \frac{w_j + \varphi_j}{2} \tag{4-16}$$

具体计算结果如表 4-11 所示。

表 4-11　CRITIC-熵值法组合权重

指标	w_j	φ_j	η_j	指标	w_j	φ_j	η_j
C_1	3.41%	10.93%	7.17%	C_{10}	4.54%	0.64%	2.59%
C_2	3.17%	9.43%	6.30%	C_{11}	2.67%	0.19%	1.43%
C_3	2.85%	15.34%	9.10%	C_{12}	4.25%	6.72%	5.49%
C_4	4.99%	7.21%	6.10%	C_{13}	4.32%	4.65%	4.49%
C_5	4.28%	7.50%	5.89%	C_{14}	7.73%	1.84%	4.79%
C_6	6.80%	15.49%	11.15%	C_{15}	4.53%	3.66%	4.10%
C_7	5.52%	0.89%	3.21%	C_{16}	5.21%	8.21%	6.71%
C_8	9.88%	3.47%	6.68%	C_{17}	9.55%	0.89%	5.22%
C_9	6.84%	2.43%	4.64%	C_{18}	9.47%	0.51%	4.99%

4.3.2.2 基于组合权重的TOPSIS评价模型

基于CRITIC—熵值法组合权重的TOPSIS评价模型是对传统TOPSIS模型的改进，可以更加全面客观地反映兰州—西宁地区县域经济发展的综合水平。该评价模型的评价过程包括指标赋权与综合评价两个方面。其中，指标赋权采用CRITIC—熵值法的组合权重；评价过程则是在测度出优先方案中的最优、最劣方案基础上，分别计算出各评价对象与上述两种方案的相对距离，并进行相对优劣评价，越接近最优方案的评价对象综合得分越高，越接近最劣方案的评价对象综合得分越低[174-175]。具体计算步骤如下：

第一步，根据CRITIC—熵值法的组合权重，确定最优方案 P^+ 和最劣方案 P^-：

$$P^+ = \{\max_{1\leqslant i\leqslant m} v_{ij}, j=1, 2, \cdots, n\} = (v_1^+, v_2^+, \cdots, v_n^+)$$
$$P^- = \{\min_{1\leqslant i\leqslant m} v_{ij}, j=1, 2, \cdots, n\} = (v_1^-, v_2^-, \cdots, v_n^-) \quad (4-17)$$

第二步，计算各评价对象与最优方案、最劣方案的距离 D_i^+、D_i^-：

$$D_i^+ = \sqrt{\sum_{j=1}^{n}(r_{ij} - r_j^+)^2}$$
$$D_i^- = \sqrt{\sum_{j=1}^{n}(r_{ij} - r_j^-)^2} \quad (4-18)$$

第三步，评估各评价对象与最优方案的相对接近度 C_i，即综合评价指数：

$$C_i = \frac{D_i^-}{D_i^+ + D_i^-} \quad (4-19)$$

式中，$0\leqslant C_i\leqslant 1$，$C_i$ 越大意味着县域经济发展水平越高，反之则意味着县域经济发展水平越低。

4.3.3 综合指数的测度结果及动态演进

根据上述计算方法与步骤可计算得出2010—2020年兰州—西宁地区各县域经济发展的综合指数，其统计量如表4-12所示。

表 4-12　兰州—西宁地区县域经济发展综合指数的统计量

年份	最小值	最大值	平均值	中位数	标准差	峰度	偏度
2010	0. 2837	0. 4884	0. 3399	0. 3307	0. 0447	2. 7494	1. 6109
2011	0. 2823	0. 5040	0. 3403	0. 3264	0. 0462	3. 3818	1. 7506
2012	0. 2844	0. 5352	0. 3468	0. 3304	0. 0527	3. 3097	1. 7680
2013	0. 2873	0. 5427	0. 3501	0. 3306	0. 0538	3. 2897	1. 7613
2014	0. 2894	0. 5608	0. 3544	0. 3303	0. 0579	3. 2657	1. 7906
2015	0. 2972	0. 5784	0. 3608	0. 3426	0. 0608	3. 2797	1. 8277
2016	0. 2989	0. 5993	0. 3634	0. 3440	0. 0623	3. 6104	1. 8463
2017	0. 2973	0. 5853	0. 3619	0. 3414	0. 0600	3. 5232	1. 8651
2018	0. 2978	0. 5953	0. 3626	0. 3412	0. 0612	3. 9260	1. 9147
2019	0. 2936	0. 6097	0. 3656	0. 3466	0. 0630	3. 9022	1. 8445
2020	0. 2940	0. 6041	0. 3678	0. 3437	0. 0662	2. 7188	1. 6729

借助核密度图可以更为详细地判断兰州—西宁地区县域经济发展综合指数的分布及演进状况。与前文一致，核密度函数形式依然采用高斯核。由图 4-9 可以看出，第一，核密度曲线逐渐右移，且主峰高度呈现出一定程度的下降趋势，表明以综合指数衡量的县域经济发展水平在不断提高，且低综合发展指数的县域数量有所减少。第二，核密度曲线主体表现出明显的“单峰”分布，意味着县域综合指数并未出现明显的“两极分化”现象。同时，核密度曲线的延展性有所拓展，右拖尾有拉长的趋势，且存在着较为明显的波峰分布，表明县域综合指数分布亦存在俱乐部收敛的可能性。

4. 3. 4　综合指数差异及其来源

2010—2020 年县域经济发展综合指数的极差值幅和极差值率均在 M 型的阶段性波动中呈现出扩大趋势，其中极差值幅由 0. 205 扩大至 0. 310，极差值率则是由 1. 722 上升至 2. 055(见图 4-10)，说明兰州—西宁地区县域经济发展综合指数的绝对差距和相对差距均有所扩大，意味着综合指数高的县域增长速度要快于综合指数低的县域。

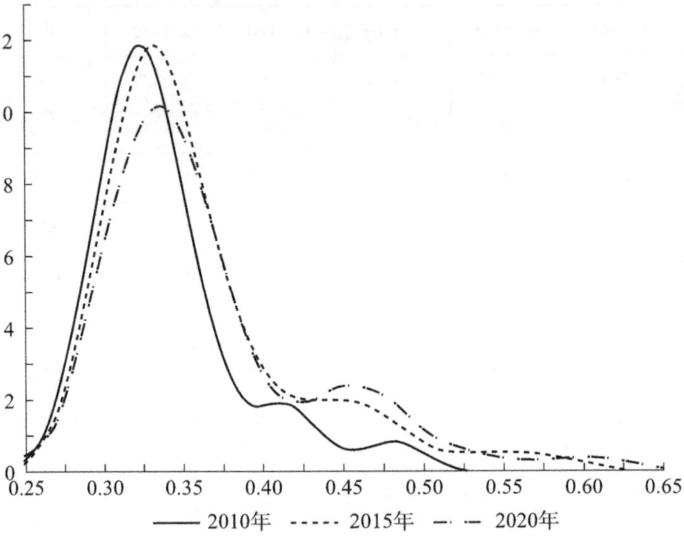

图 4-9　兰州—西宁地区县域经济发展综合指数的核密度估计

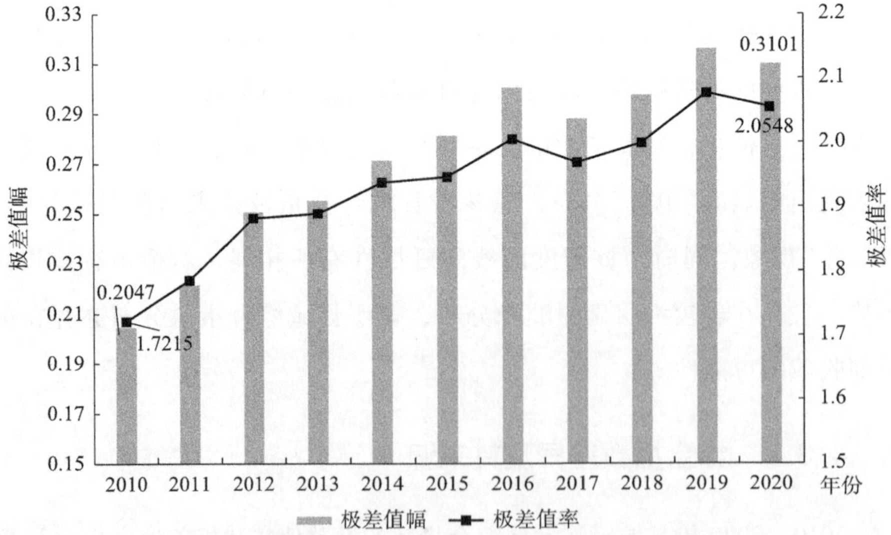

图 4-10　2010—2020 年兰州—西宁地区县域经济发展综合指数的极值差异情况

需要注意的是，2019—2020 年极差值幅和极差值率之所以分别缩小了

1.9%和 1.05%，主要是受到最大值变化的影响，即城关区的综合指数由 0.610 下降至 0.604。2010 年综合指数最高和最低的县域单元分别为城关区和靖远县，2020 年这一区一县依然是综合指数最高与最低的县域单元。

2010—2020 年兰州—西宁地区综合指数的总体基尼系数在波动中呈现出上升趋势，上升幅度为 34.85%（见表 4-13），这意味着兰州—西宁地区以综合指数衡量的相对经济差异明显扩大。基于省份分组来看，组内基尼系数在波动中呈现上升的态势，上升幅度为 36.36%；组间基尼系数在波动中呈现出下降态势；超变密度基尼系数则表现出持续上升的趋势。从贡献率来看，组内基尼系数的贡献率最高且有上升的趋势；超变密度基尼系数的贡献率居第二位，且在波动中上升了 15.74 个百分点；组间基尼系数的贡献率不仅最小，而且呈现出较为明显的下降态势，由 2010 年的 17.29%降低至 2020 年的 0.31%。这表明即便是从县域综合发展水平来看，两省内部县域间经济差异依然是兰州—西宁地区经济差异的主要来源，且其影响程度有所增强。

表 4-13　省份分组下综合指数的 Dagum 基尼系数及贡献率

年份	基尼系数				贡献率（%）		
	总体 G	组内 G_w	组间 G_b	超变密度 G_t	组内 G_w	组间 G_b	超变密度 G_t
2010	0.066	0.033	0.011	0.022	49.14	17.29	33.58
2011	0.068	0.033	0.010	0.024	49.24	15.16	35.60
2012	0.075	0.037	0.012	0.026	49.03	15.92	35.05
2013	0.076	0.037	0.012	0.027	49.07	15.23	35.70
2014	0.080	0.039	0.012	0.029	48.89	15.40	35.71
2015	0.082	0.040	0.010	0.031	49.18	12.56	38.26
2016	0.083	0.041	0.005	0.037	49.72	6.42	43.86
2017	0.079	0.040	0.001	0.039	50.30	1.25	48.45
2018	0.081	0.041	0.000*	0.040	50.35	0.19	49.46
2019	0.084	0.042	0.001	0.041	50.48	0.75	48.77
2020	0.089	0.045	0.000*	0.044	50.37	0.31	49.32

注：*表示实际值并非为零，只是受保留小数位数的限制而出现了零值。

表 4-14　属性分组下综合指数的 Dagum 基尼系数及贡献率

年份	基尼系数				贡献率(%)		
	总体 G	组内 G_w	组间 G_b	超变密度 G_t	组内 G_w	组间 G_b	超变密度 G_t
2010	0.066	0.024	0.039	0.003	36.74	58.52	4.75
2011	0.068	0.025	0.040	0.003	36.55	58.56	4.89
2012	0.075	0.026	0.046	0.003	34.91	61.27	3.82
2013	0.076	0.026	0.047	0.003	34.41	62.18	3.41
2014	0.080	0.025	0.053	0.002	31.50	65.65	2.85
2015	0.082	0.025	0.055	0.002	29.94	67.56	2.50
2016	0.083	0.023	0.058	0.001	28.19	70.19	1.62
2017	0.079	0.021	0.057	0.001	26.88	71.72	1.40
2018	0.081	0.022	0.058	0.001	27.30	71.25	1.45
2019	0.084	0.024	0.059	0.001	28.23	70.09	1.68
2020	0.089	0.025	0.063	0.001	27.86	70.52	1.61

基于属性分组来看(见表 4-14)，组内基尼系数和超变密度基尼系数均保持相对稳定，分别在 0.021~0.026 和 0.001~0.003；而组间基尼系数则由 0.039 上升至 0.063，增长了 61.54%。从贡献率来看，组间基尼系数的贡献率最高且在波动中上升了 12 个百分点；组内基尼系数和超变密度基尼系数的贡献率则在波动中分别下降了 8.88 个百分点和 3.14 个百分点。这表明从县域综合发展水平来看，城区组和一般组之间的经济差异不仅是兰州—西宁地区经济差异的主要来源，而且其影响程度呈现出明显的增强趋势。

进一步观察不同分组条件下各组内部综合指数的基尼系数可以发现(见图 4-11)：基于省份分组而言，尽管甘肃组和青海组各自内部的基尼系数均在波动中呈现出上升的态势，但是甘肃组的县域间经济差异始终明显高于青海组，这意味着即便从县域综合发展水平来看，甘肃组的分化程度仍然大于青海组。基于县域属性分组而言，一般组的基尼系数在波动中有所下降，而城区组的基尼系数则在波动中有所上升且始终高于一般组，这表明城区组内部的分化程度明显高于一般组。

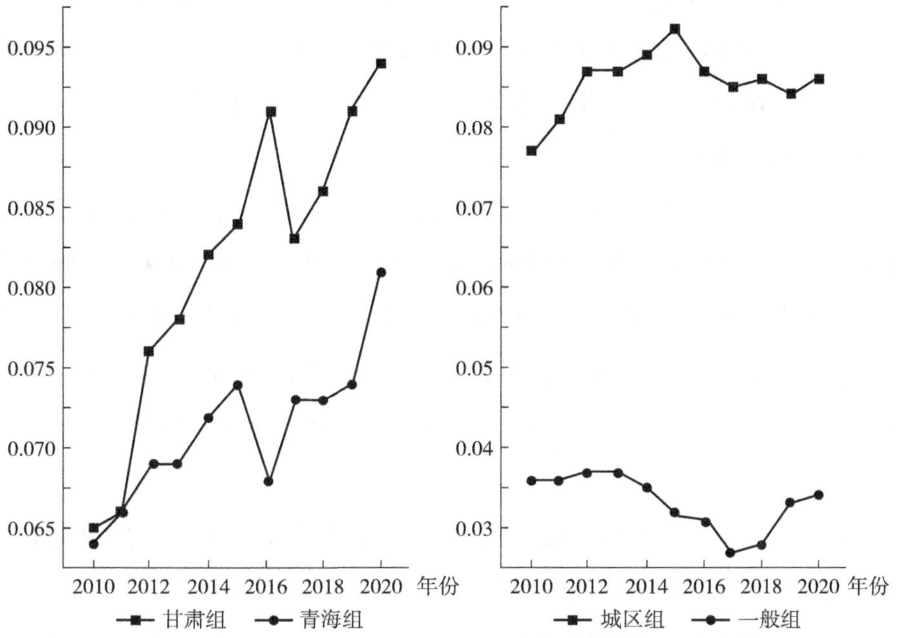

图 4-11　不同分组条件下各组内综合指数的基尼系数变化情况

4.3.5　综合指数的空间差异演变

应用自然间断点分级法将兰州—西宁地区 2010 年和 2020 年县域尺度的综合指数划分为低、中低、中高和高四种类型。从四种类型的县域单元数量变化来看，低水平和中低水平类型的县域数据均有所下降，所占的比例由 69. 39%下降至 59. 18%；而中高水平和高水平类型的县域数量均有所增加，所占比例则由 30. 61%提高至 40. 82%。这说明研究期内县域尺度下兰州—西宁地区综合指数在不断上升，县域综合实力稳步增长。

从空间分布上来看，西宁市的四个主城区和兰州市的城关区、安宁区始终属于高水平类型，白银区、七里河区和临夏市由中高水平类型转为高水平类型，乐都区、平安区由中低水平类型转为中高水平类型，平川区则稳定在中高水平类型，这意味着除安定区、湟中区和同仁市外，城市的大部分城区及县级市的综合经济实力高于其他县域单元，是推动区域经济发展的中心地。研究期内，大通、海晏两县由中高水平类型转为中低水平类型，会宁、通渭两县则由中低水平类型转为低水平类型；门源、互助、贵南、东乡、靖远、安定、渭源七个县城单元则始终处于低水平类型，且这些县域单元大多有邻接关系甚至呈连片分布的特征。

从空间分布特点来看，综合指数的空间分布亦具有某种程度的梯次性以及圈层式“核心—外围”特征。相对而言，甘肃片区的这种空间分布特征更明显一些。当然，有一个现象值得注意，那就是部分低水平类型县域紧邻高水平类型县域，表明高水平类型县域的辐射范围有限，也意味着中心城市发展的空间方向选择会在一定程度上影响到周边县域的发展。

进一步通过绘制县域尺度下兰州—西宁地区综合指数分布的全局趋势图可更加清晰地揭示其空间变化趋势(见图 4-12)。其中，X 轴、Y 轴分别表示综合指数在东西方向和南北方向的趋势。

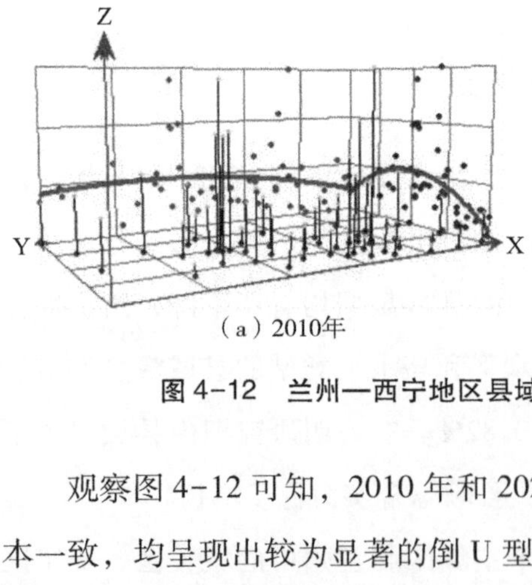

(a) 2010年

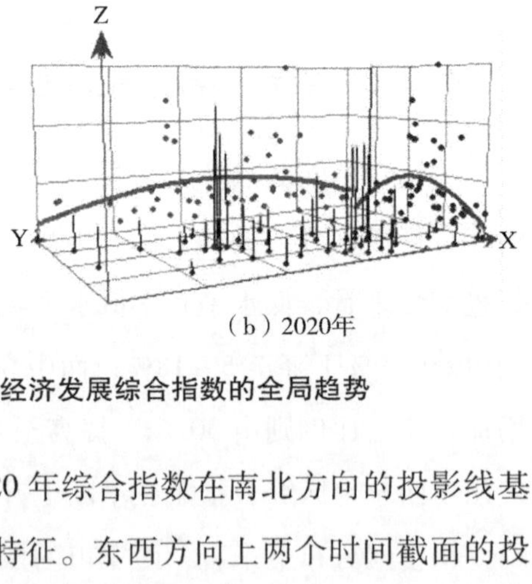

(b) 2020年

图 4-12　兰州—西宁地区县域经济发展综合指数的全局趋势

观察图 4-12 可知，2010 年和 2020 年综合指数在南北方向的投影线基本一致，均呈现出较为显著的倒 U 型特征。东西方向上两个时间截面的投影线发生了明显变化，2010 年东西方向的投影线大体上呈现出倒 U 型的雏形，而 2020 年则表现出较为明显的倒 U 型特征。综合来看，兰州—西宁地区县域综合指数“中间高、四周低”的空间分布格局愈加明显。

同时，应用标准差椭圆工具对兰州—西宁地区县域综合指数的空间分布趋势进行定量识别。具体而言，2010—2020 年椭圆周长由 866.74 千米持续下降至 850.14 千米；椭圆面积亦由 4.80×10^4 平方千米持续下降至 4.64×10^4 平方千米。综合来看，椭圆的周长和面积均呈现出持续下降的趋势，下降幅度分别为 1.92%和 3.33%。椭圆范围的缩小意味着兰州—西宁地区县域综合发展指数空间分布的集中程度越来越高。然而，比较来看，2010—2020 年综合指数的标准差椭圆周长和面积均大于人均生产总值，说明综合发展指数空间分布的方向性和离散程度相对较为明显。

椭圆的长半轴和短半轴长度均呈现出缩短的态势。其中，长半轴由 182.99 千米持续下降至 179.21 千米，短半轴由 83.55 千米持续下降至 83.27 千米，表明兰州—西宁地区县域综合指数的空间分布不仅在主要方向上趋于集中，而且向心力亦有所增强。长半轴的缩短程度大于短半轴，从而导致扁率由 2.19 下降至 2.17，表明县域综合指数空间分布的方向性特征有所减弱。

椭圆的空间旋转角仅由 107.428°下降为 106.946°，说明兰州—西宁地区县域综合指数保持了“偏西北—偏东南”空间分布方向，这与人均生产总值的空间分布方向基本一致。综合来看，兰州—西宁地区县域综合指数的空间分布格局较为稳定，且以东西方向为主导，南北方向的影响较弱，空间溢出效应较弱。

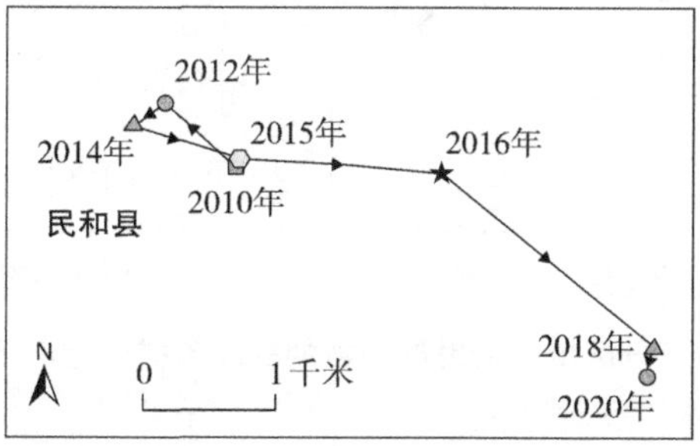

图 4-13　兰州—西宁地区县域经济发展综合指数的标准差椭圆重心迁移路径

从重心迁移路径来看（见图 4－13），各考察时间截面的重心在

102.77°~102.81°E、36.23°~36.26°N，具体地点大致位于民和县的巴州镇下宣村附近；从迁移方向来看，2010—2012 年向西北移动，2012—2014 年向西南移动，2014—2018 年向东南移动，2018—2020 年向西南方向移动。总体而言，椭圆重心移向东南方向，移动距离约为 2.9 千米。

分区域来看，甘肃片区的椭圆周长由 544.94 千米下降至 532.41 千米，椭圆面积由 2.35×10^4 平方千米缩小至 2.25×10^4 平方千米，椭圆扁率由 1.17 下降至 1.15，空间旋转角由 104.219°下降至 101.982°；青海片区的椭圆周长由 605.87 千米缩短至 595.88 千米，椭圆面积由 2.49×10^4 平方千米缩小至 2.42×10^4 平方千米，椭圆扁率由 2.02 下降至 1.99，空间旋转角由 125.251°下降至 124.406°。比较而言，两片区县域综合指数空间分布的集中程度均趋于提高，但方向性特征均趋于减弱；青海片区的空间分布格局以南北方向为主导，东西方向的影响较弱，而甘肃片区的空间分布接近圆形；同时，两片区的椭圆覆盖面积保持基本稳定，说明空间溢出效应亦不明显。

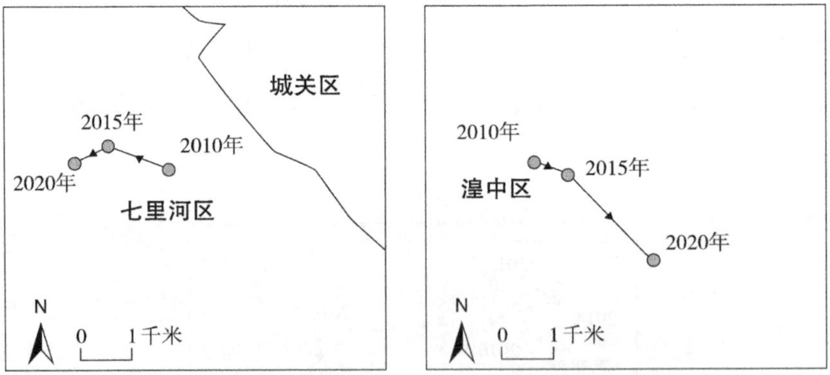

（a）甘肃片区　　（b）青海片区

图 4-14　分区域综合发展指数的标准差椭圆重心迁移路径

进一步观察还可以发现（见图 4-14），甘肃片区的椭圆重心在七里河区内先向西北方向移动而后移向西南方向，总体上表现出向西移动的态势，移动距离约为 1.23 千米；青海片区的椭圆重心则是在湟中区内持续向东南移动，移动距离约为 2. 66 千米。相对于人均生产总值标准差椭圆重心的同向同行，综合指数的椭圆重心则表现为相向而行，2010—2020 年两片区的重心距离缩小了 3. 48 千米。

本章小结

本章以实际人均生产总值和基于规模、结构、绩效三维度构建的县域经济发展综合指数为基础，综合应用数理统计方法、全局趋势分析、标准差椭圆等研究方法分析了兰州—西宁地区县域经济差异的时空演变特征。

从时间维度来看，2000—2020 年兰州—西宁地区人均生产总值的绝对差异在波动中上升，而相对差异在波动中呈现出缩小的态势。2010—2020 年兰州—西宁地区综合指数的绝对差异和相对差异均在波动中呈现出扩大的态势。从经济差异的来源来看，Dagum 基尼系数分解结果表明，无论是人均生产总值还是综合指数，兰州—西宁地区的经济差异主要来源于两省内部的县际差异以及县域不同行政属性的组间差异。人均生产总值与综合指数差异在时间维度上的不同变化趋势，是由该地区的人口分布及部分县域较为特殊的经济增长模式造成的。

从空间维度来看，研究期内县域人均生产总值和综合指数的空间分布均呈现出梯次性及圈层式特征的“核心—外围”格局。不同的是，人均生产总值在南北方向呈现出明显的倒 U 型特征，东西方向尽管较为平坦，但大致有倒 U 型的雏形，标准差椭圆重心略向西北方向移动；而综合指数在南北方向和东西方向上均呈现出不同程度的倒 U 型特征，标准差椭圆重心略向东南方向移动。

第5章

兰州—西宁地区县域经济的收敛性检验

5.1 理论模型

5.1.1 σ收敛模型

倘若随着时间的推移，兰州—西宁地区县域经济发展水平的标准差呈现出缩小趋势，则表明存在 σ 收敛。当然，为消除绝对水平增长对差异衡量的影响，通常采用对数标准差来衡量区域相对差异。具体计算公式如下：

$$\sigma = \sqrt{\sum_{i=1}^{n} \frac{(\ln y_i - \ln \bar{y})^2}{n}} \tag{5-1}$$

式(5-1)中，y_i 为各县域单元的人均生产总值或者综合指数值，$\bar{y}$ 为各县域单元人均生产总值或者综合指数的平均值，n 为参与分析的县域单元数量。

5.1.2 β收敛模型

倘若研究期内兰州—西宁地区经济发展水平较低的县域较经济发展水平较高的县域有更高的增长率，即县域经济发展水平与其初始水平呈现出负相关的关系，则表明存在 β 收敛。β 收敛可进一步分为 β 绝对收敛和 β 条件收敛。在所有县域均具有完全相同基本经济特征的前提下，经过一定时间的积累，倘若经济发展水平较低的县域可以追赶上经济发展水平较高的县域，则意味着存在β绝对收敛；放松前述假设条件，引入相关控制变量后，各县域都收敛于自身的稳态，则意味着存在β条件收敛。计算公式如下：

$$\ln(y_{it}/y_{i0})=\alpha+\beta\ln y_{i0}+\varepsilon_{it} \tag{5-2}$$

$$\ln(y_{it}/y_{i0})=\alpha+\beta\ln y_{i0}+ZX_{it}+\varepsilon_{it} \tag{5-3}$$

式(5-2)表示县域经济是否绝对收敛，其经济意义表示各县域经济发展水平是否具有相同的发展稳态，即发展水平较低的县域是否对发展水平较高的县域存在“追赶效应”；式(5-3)表示县域经济是否条件收敛，其经济意义表示受不同条件的制约，各县域是否会朝着各自不同的稳态水平趋近。

其中，y_{it}为第i个县域在t时期的人均生产总值或者综合指数值，y_{i0}为该指标在研究期内的初始值，X_{it}为控制变量。倘若β值为负且通过显著性检验，则意味着不同县域间的人均生产总值或综合指数的年均增长率在$0\sim t$时期内与初始时期的人均生产总值或综合指数呈现出负相关关系，即欠发达县域的经济发展快于发达县域，故存在β收敛。当然，根据α和β的估计值可以计算得出收敛所要达到的稳态值γ_0、收敛速度θ以及收敛的半衰期τ。其中，半衰期表示欠发达县域追赶上发达县域所需要的时间。

$$\begin{cases}\gamma_0=\alpha/(1-\beta)\\ \theta=-\ln(1+\beta)/t\\ \tau=\ln2/\theta\end{cases} \tag{5-4}$$

倘若兰州—西宁地区不同县域单元间的经济发展水平存在着空间自相关性，为避免参数估计结果出现偏差，需要采用空间回归模型进行参数估计：

$$\begin{cases}\ln R=\alpha S+\beta\ln y_0+\rho W\ln R+\varepsilon\\ \ln R=\alpha S+\beta\ln y_0+ZX_{it}+\rho W\ln R+\varepsilon\end{cases} \tag{5-5}$$

$$\begin{cases}\ln R=\alpha S+\beta\ln y_0+\varepsilon \quad \varepsilon=\lambda W\varepsilon+\mu\\ \ln R=\alpha S+\beta\ln y_0+ZX_{it}+\varepsilon \quad \varepsilon=\lambda W\varepsilon+\mu\end{cases} \tag{5-6}$$

式(5-5)为空间滞后模型，(5-6)为空间误差模型。其中，R 为 t 时期和初始期人均生产总值或者综合指数所组成的列向量，y_0 为初始期人均生产总值或者综合指数组成的列向量，S 和 W 分别为空间单位列向量和空间权重矩阵，ρ、λ 分别为空间滞后模型的空间自相关系数和空间误差模型中误差项的空间自回归系数。

5.1.3　俱乐部收敛模型

俱乐部收敛则认为区域经济存在多个增长路径和多个均衡状态，而均衡状态的差异取决于期初经济发展的差异，即经济结构特征相似且初始收入水平也相同的区域，它们的人均收入存在着同一收敛均衡状态。与一般外生的区域分组不同，马尔科夫链分析采用内生的区域分组方法，更适合进行俱乐部收敛检验。

5.1.3.1　马尔科夫链

马尔科夫链是一种时间和状态均为离散的马尔科夫过程，可以用来研究无后效性条件下经济现象的随机转移问题[176]。因而，可以通过构建马尔科夫转移概率矩阵来描述兰州—西宁地区经济发展的内部动态演变特征并判断其是否可能存在俱乐部收敛。具体而言，将第 t 年人均生产总值或者综合指数类型的概率分布表示为一个 $1\times k$ 的状态概率向量，那么不同年份人均生产总值或者综合指数类型间的转变就可以用一个 $k\times k$ 的马尔科夫矩阵来表示。

矩阵中的元素 p_{ij}表示 t 年份属于类型 i 的县域单元在 $t+1$ 年份转变为类型 j 的概率值，计算方法如下：

$$p_{ij}=n_{ij}/n_j \tag{5-7}$$

倘若某县域的人均生产总值或者综合指数在初始年份属于某一类型且在下一年份保持不变，则说明该县域人均生产总值或者综合指数的类型保持平稳；若类型升级，则说明该县域人均生产总值或者综合指数的类型向上转移，反之，则向下转移。在相应马尔科夫转移概率矩阵中，如果对角线的概率值均显著大于非对角线上的概率值，则表明该经济现象存在俱乐部收敛。

5.1.3.2 空间马尔科夫链

结合传统马尔科夫链与“空间滞后”概念的空间马尔科夫链[177]，可以用来考察空间效应对兰州—西宁地区县域经济动态演变的影响。具体而言，首先在设定空间权重矩阵的基础上，以县域经济发展水平在初始年份的空间滞后类型为条件，将传统马尔科夫转移概率矩阵分解成 k 个 $k \times k$ 条件转移概率矩阵，然后比较两种马尔科夫矩阵中对应元素数值的大小，即可判断相邻县域经济发展水平是否对某县域经济发展水平类型的转移产生影响。

5.2 空间自相关性检验

地理学第一定律认为：“任何事物都与其他事物相联系，但邻近的事物比相距较远的事物联系更为紧密。”采用全局莫兰指数(Moran' I)来反映兰州—西宁地区内各县域单元与邻近县域单元在经济属性上的相似性，具体计算公式为[178]：

$$I = \frac{n \sum_{i=1}^{n} \sum_{j=1}^{n} w_{ij}(x_i - \bar{x})(x_j - \bar{x})}{\sum_{i=1}^{n} \sum_{j=1}^{n} w_{ij} \sum_{i=1}^{n} (x_i - \bar{x})^2} \tag{5-8}$$

式中，n 为县域单元数量，x_i 和 x_j 分别表示第 i 个和第 j 个县域的相应指标值，w_{ij}为空间权重矩阵。不同的空间权重矩阵会影响空间自相关分析结果，为使检验结果具有稳健性，分别采用邻接权重矩阵和地理距离权重矩阵。其中，邻接权重矩阵中若两个县域存在公共边界，则有 w_{ij}，否则 $w_{ij}=0$；地理距离权重矩阵的指定带宽为 96.4295 千米。莫兰指数的取值介于-1 和 1 之间，在给定的显著性水平下，若大于零表明具有相似属性的县域集聚，小于零表明具有相异属性的县域集聚，等于 0 则表示随机分布。

根据式(5-8)并借助 GeoDa 软件可计算得出县域尺度下兰州—西宁地区人均生产总值的全局莫兰指数(见表 5-1)，并判断其显著性水平。由表 5-1 可知，无论是基于邻接还是地理距离的空间权重矩阵，2000—2020 年的全局莫兰指数均为正值；综合 Z 值和 P 值可以判断，除地理距离权重的少部分年份外其余年份均在 5%水平上具有统计显著性，说明兰州—西宁地区县域人均生产总值存在着空间正自相关性，即人均生产总值较高的县域趋于集聚，人均生产总值较低的县域亦趋于集聚。进一步考察可以发现，2000—2020 年基于邻接权重和地理距离权重的全局莫兰指数均在波动中大幅提升，其中，前者提升了 58.97%，后者提升了 114.14%。两者呈现出大致相同的变化趋势，这表明人均生产总值的空间自相关性结果具有稳健性，同时也说明随着时间的推移，兰州—西宁地区各县域单元经济发展水平的空间集聚性在不断提高，整体空间关联程度在逐步增强。

表 5-1　兰州—西宁地区人均生产总值的全局莫兰指数

年份	邻接权重			地理距离权重		
	Moran' SI	Z-Value	P-Value	Moran' SI	Z-Value	P-Value
2000	0. 2140	2. 8525	0. 004	0. 0707	1. 4491	0. 075
2001	0. 2278	2. 9284	0. 004	0. 0751	1. 5188	0. 069
2002	0. 2300	3. 0209	0. 004	0. 0802	1. 5979	0. 060
2003	0. 2506	3. 1584	0. 003	0. 0906	1. 7638	0. 047
2004	0. 2474	3. 2614	0. 003	0. 0969	1. 8328	0. 039
2005	0. 2587	3. 3959	0. 003	0. 0988	1. 9516	0. 035
2006	0. 2767	3. 5333	0. 002	0. 1046	2. 0434	0. 027
2007	0. 2866	3. 6406	0. 001	0. 1085	2. 0940	0. 025
2008	0. 2989	3. 6593	0. 001	0. 1138	2. 1082	0. 023
2009	0. 3004	3. 6739	0. 001	0. 1115	2. 1036	0. 023
2010	0. 2947	3. 6032	0. 001	0. 1136	2. 1720	0. 021
2011	0. 3105	3. 8880	0. 001	0. 1268	2. 2990	0. 017

续表

年份	邻接权重			地理距离权重		
	Moran' SI	Z-Value	P-Value	Moran' SI	Z-Value	P-Value
2012	0. 3111	3. 8511	0. 001	0. 1397	2. 4864	0. 013
2013	0. 3152	3. 8749	0. 001	0. 1541	2. 7043	0. 009
2014	0. 3187	3. 9766	0. 001	0. 1537	2. 6911	0. 007
2015	0. 3134	3. 9233	0. 001	0. 1552	2. 7145	0. 008
2016	0. 3103	3. 8928	0. 001	0. 1554	2. 7226	0. 008
2017	0. 3081	3. 9138	0. 001	0. 1216	2. 3215	0. 017
2018	0. 3068	3. 8741	0. 001	0. 1208	2. 1995	0. 022
2019	0. 3198	4. 0132	0. 001	0. 1317	2. 3481	0. 016
2020	0. 3402	4. 2311	0. 001	0. 1514	2. 6908	0. 009

注：全局莫兰指数在各年份的期望值 $E(I)= -0.0208$。

同样可计算出兰州—西宁地区综合指数的全局莫兰指数（见表 5-2），并判断其显著性水平。由表 5-2 可知，无论是基于邻接还是地理距离的空间权重矩阵，全局莫兰指数均为正值；结合 Z 值和 P 值可以判断，基于邻接权重的全局莫兰指数均在 1%水平上具有统计显著性，而基于地理距离权重的全局莫兰指数均在 10%水平上具有统计显著性，说明兰州—西宁地区的县域综合指数存在着空间正自相关性，即综合指数较高的县域趋于集聚，综合指数较低的县域亦趋于集聚。进一步考察可以发现，基于邻接权重的全局莫兰指数在波动中略有下降，下降幅度约为 3. 16%；而基于地理距离权重的全局莫兰指数在波动中上升了 27. 19%。即便如此，前者的全局莫兰指数始终保持在 0. 32 以上且高于后者，说明综合指数的空间自相关性结果亦具有稳健性。

表 5-2　兰州—西宁地区县域综合发展指数的全局莫兰指数

年份	邻接权重			地理距离权重		
	Moran' SI	Z-Value	P-Value	Moran' SI	Z-Value	P-Value
2010	0. 3446	4. 4449	0. 001	0. 0787	1. 6077	0. 054
2011	0. 3223	4. 2491	0. 001	0. 0629	1. 3363	0. 076

续表

年份	邻接权重			地理距离权重		
	Moran' SI	Z-Value	P-Value	Moran' SI	Z-Value	P-Value
2012	0. 3548	4. 4144	0. 001	0. 0827	1. 7002	0. 052
2013	0. 3910	4. 8784	0. 001	0. 1050	2. 0091	0. 035
2014	0. 3926	4. 9431	0. 001	0. 0950	1. 7763	0. 038
2015	0. 3835	4. 6572	0. 001	0. 0851	1. 6448	0. 045
2016	0. 3619	4. 5295	0. 001	0. 0774	1. 5684	0. 064
2017	0. 3739	4. 6783	0. 001	0. 0893	1. 7068	0. 048
2018	0. 3622	4. 5873	0. 001	0. 0919	1. 8068	0. 043
2019	0. 3312	4. 1527	0. 001	0. 1063	2. 0792	0. 030
2020	0. 3337	4. 2133	0. 001	0. 1001	1. 9102	0. 035

注：Global Moran' SI 在各年份的期望值 $E(I) = -0.0208$。

5. 3　σ 收敛检验

5. 3. 1　标准差估计

根据式(5-1)可计算得出 2000—2020 年兰州—西宁地区人均生产总值对数的标准差(见图 5-1)。从计算结果可以看出，标准差在波动中呈现出下降趋势，由 0. 7876 下降至 0. 7038，下降幅度为 10. 64%。标准差的变化趋势与前文分析中的基尼系数、变异系数、泰尔指数基本一致，说明研究期内兰州—西宁地区县域人均生产总值存在 σ 收敛。分时间段来看，2000—2010 年和 2010—2020 年标准差的下降幅度分别为 2. 86%和 8. 01%，表明 σ 收敛的速度明显加快。

进一步可计算得出两省份内部县际人均生产总值对数的标准差。不难看出，两省内部县际人均生产总值对数的标准差均在波动中呈现出下降趋势，下降幅度分别为 9. 14%和 25. 38%，表明两省内部的县际人均生产总值差异正在逐渐缩小，存在 σ 收敛，但青海组的 σ 收敛效应明显强于甘肃组。与青海组有所不同的是，甘肃组 2000—2010 年标准差在波动中有所上升，上升幅度约为 0.81%，而 2010—2020 年标准差则在波动中有所下降，下降幅度约为 9.87%，表明 2010—2020 年较强的 σ 收敛效应带来了甘肃组在整个研究期间的 σ 收敛。

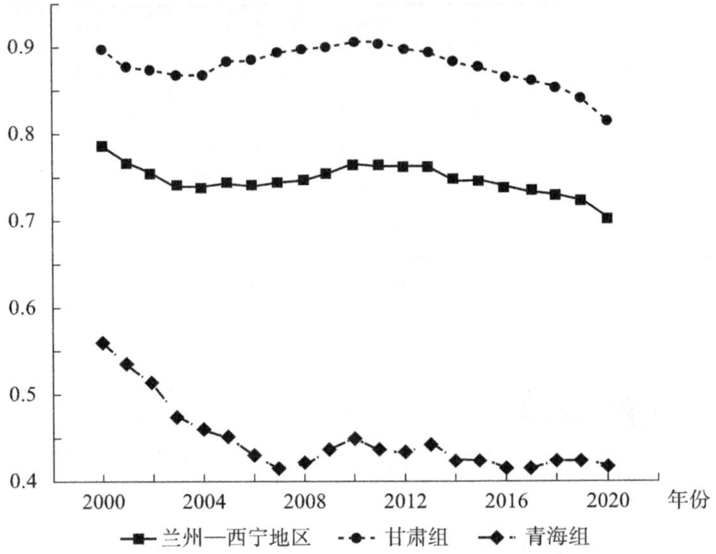

图 5-1　人均生产总值对数的标准差变化趋势

同理，可计算得出 2010—2020 年兰州—西宁地区综合指数对数的标准差(见图 5-2)。从计算结果可以看出，标准差在波动中由 0.1205 提高至 0.1605，上升幅度为 33.2%。标准差的变化趋势与前文分析中的基尼系数、变异系数、泰尔指数基本一致，表明研究期内兰州—西宁地区县域经济发展综合指数不存在 σ 收敛。

进一步观察两省内部县际综合指数对数的标准差可以看出，两省内部县际综合指数对数的标准差均在波动中呈现出明显的上升趋势，上升幅度分别为 40.65%和 28.97%，说明两省内部的县际综合指数正在趋于分化，即不存在 σ 收敛效应。相对而言，青海组的标准差及其变化率均小于甘肃组，说明青海组县际综合指数的分化程度低于甘肃组，这也印证了前文基尼系数区域

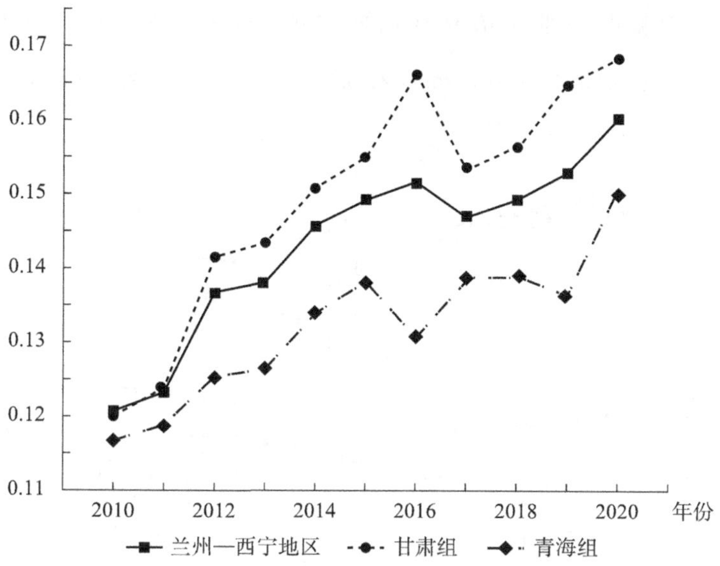

图 5-2　综合指数对数的标准差变化趋势

分解的结论。

5.3.2　兼与其他衡量指标比较

除了标准差（σ）估计方法外，通常还可以采用加权变异系数（Williamson，1965）和泰尔指数（Theil，1967）①的变化来判断区域经济差异的演变趋势。因此，分别计算兰州—西宁地区人均生产总值与综合指数的加权变异系数（CV_w）、泰尔指数（T）来检验标准差估计方法的可信性。

2000—2020 年人均生产总值的变异系数、泰尔指数与标准差变化趋势基本一致，均在波动中呈现出不同程度的下降态势，下降幅度分别达到 19.97%和 31.14%（见图 5-3（a））；2010—2020 年综合指数的变异系数、泰尔指数与标准差变化趋势亦基本相似，均在波动中表现出不同程度的上

① 在各种不平等指数中，能够满足达尔顿—庇古转移原理（Dalton-pigou Principle of Transfers）、收入零均质性和人口规模独立性等一系列公理条件的只有广义熵指数（Shorrocks，1984）。泰尔指数作为广义熵指数的特例，满足前述所有公理条件且计算相对较为方便。魏后凯．现代区域经济学（修订版）[M]．北京：经济管理出版社，2011：439.

升态势，上升幅度分别为 46.92%和 83.75%（见图 5-3（b））。这表明以人均生产总值与综合指数对数标准差来判断 σ 收敛效应的结论具有可信性。

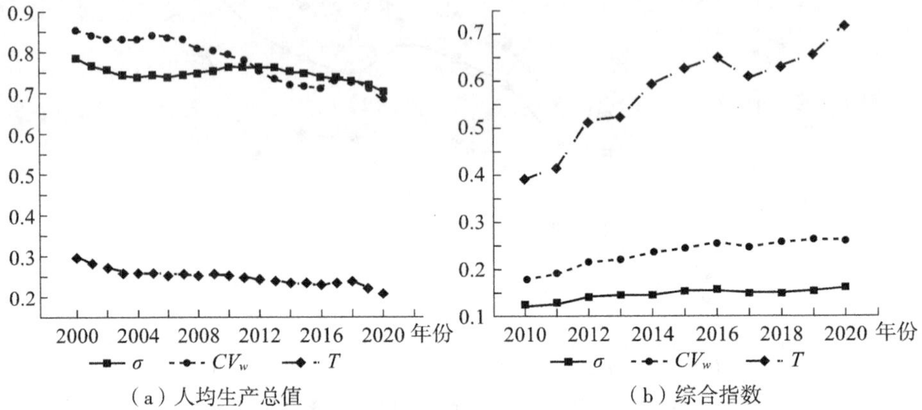

图 5-3　不同衡量指标的比较

一言以蔽之，兰州—西宁地区以人均生产总值衡量的县际经济差异呈现出缩小趋势，即存在 σ 收敛效应；以综合指数衡量的县际经济差异呈现出扩大趋势，即不存在 σ 收敛效应。人均生产总值与综合指数即便在相同时间跨度也表现出截然不同的变化趋势，人口流动导致的人口空间分布变化就是其中可能的因素。在市场经济条件下，欠发达县域的人口流向发达县域，而经济增长存在一定“路径依赖”，人口数量减少在一定程度上会提高欠发达县域的人均生产总值，相反发达县域则会因为人口的流入导致人均生产总值的增长速度放缓，在两方面的共同作用下，人均生产总值将趋于收敛。与此同时，欠发达县域的人口流失一方面会减少当地产业发展所需要的市场需求，另一方面流动人口在受教育程度和接受新事物方面的能力相对较高，减少了当地高素质劳动力的比例，从而对县域经济综合发展产生不利影响；发达县域则会由于人口的流入增加了市场需求和劳动力要素的投入，激发了经济发展活力，有利于综合发展水平和能力的提升。因而，以综合指数衡量的县域经济差异也就呈现出分化的状况。

5.4　绝对β收敛检验

5.4.1　经验判断

首先，构建了 2000 年人均生产总值对数与 2000—2020 年人均生产总值年均增长率的关系图(见图 5-4)。从两者的散点图及拟合曲线来看，县域人均生产总值的对数与其年均增长率之间存在着负相关关系，即初始年份人均生产总值较低的县域，其年均增长速度较高，而初始年份人均生产总值较高的县域，其年均增长速度较低。

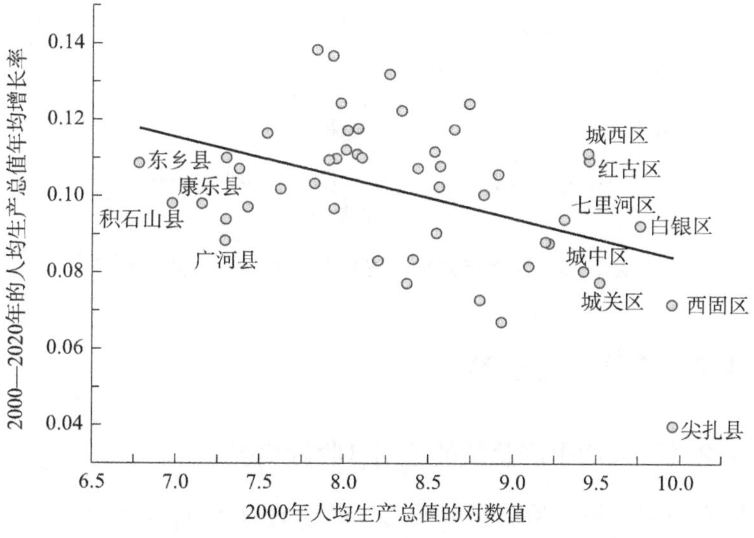

图 5-4　人均生产总值对数与其年均增长率的关系图

其次，构建了 2010 年综合指数对数与 2010—2020 年综合指数年均增长率的关系图(见图 5-5)。从两者的散点图及拟合曲线来看，县域综合指数的对数与其年均增长率之间存在一定程度的正相关关系，即初始年份综合指数较低的县域，其年均增长率相应较低；而初始年份综合指数较高的县域，其年均增长率相应较高。

由此可见，兰州—西宁地区县际人均生产总值在研究期内可能存在绝对β收敛，而综合指数可能不存在绝对β收敛。当然，若想得到较为准确的结论还需借助空间回归模型的分析结果。

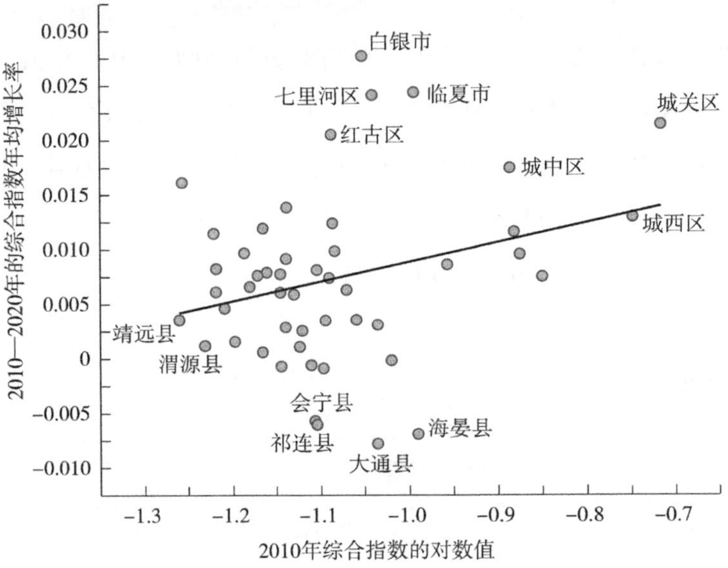

图 5-5 综合指数对数与其年均增长率的关系图

5.4.2 空间计量检验

5.4.2.1 人均生产总值的绝对β收敛检验

借助空间回归模型检验县域人均生产总值的绝对β收敛情况[①]。表 5-3 列出了 2000—2020 年县域人均生产总值基于普通最小二乘法(OLS)、空间

① 在构建β收敛的回归模型时，考虑到省份之间的差异设置了地区虚拟变量(甘肃=1，青海=0)。纳入地区虚拟变量后出现了三种情况：一是地区虚拟变量自身的估计系数没有通过显著性检验；二是地区虚拟变量虽然通过了显著性检验，但却出现了空间自相关系数不显著的情形；三是地区虚拟变量和空间自相关系数即便均通过了显著性检验，α与β的估计值与未考虑地区虚拟变量的模型也非常相近。这是因为地区虚拟变量只能粗略地代表地理空间因素的影响，相对而言，空间计量模型能更好地反映空间因素对区域经济收敛的影响。因此，考虑了空间自相关因素后，文中的β收敛回归模型均不再考虑地区虚拟变量。

滞后模型(SLM)和空间误差模型(SEM)三种方法的系数估计结果。对于模型选择，首先根据莫兰指数(Moran' SI)检验模型是否存在空间自相关性，其次依据以下两类标准判断：①比较 LM 检验(即 LM-lag 和 LM-error)及其稳健性检验(即 Robust-LM-lag 与 Robust-LM-error)，如果 LM-lag 及 Robust-LM-lag 均较 LM-error 及 Robust-LM-error 显著，则选择空间滞后模型，反之则选择空间误差模型。②综合比较赤池信息准则(AIC)和施瓦茨信息准则(SC)、对数似然估计(LIC)三个统计值，如果某个模型的 LIC 值最大，而 AIC 值和 SC 值最小，那么选择该模型是合适的。通常两类标准选择的结果具有一致性。

经比较可以发现，2000—2020 年兰州—西宁地区人均生产总值的绝对 β 收敛模型存在空间相关性，LM-error 及 Robust-LM-error 均较 LM-lag 及 Robust-LM-lag 显著，且空间误差模型的 LIC 值最大，AIC 值和 SC 值最小，故应采用空间误差模型。

表 5-3　2000—2020 年人均生产总值的绝对 β 收敛结果

指标	OLS	SLM	SEM
α	3.5532 (7.46)***	2.9718 (4.43)***	4.7264 (9.32)***
β	-0.1952 (-3.44)***	-0.1994 (-3.49)***	-0.3439 (-5.96)***
ρ	—	0.3115 (1.79)*	—
λ	—	—	0.6935 (5.89)***
稳态值	2.9727	2.4777	3.5193
收敛速度(%)	1.086	1.111	2.107
半衰期(年)	63.826	62.389	32.897
Moran' SI	3.2916***	—	—
R^2	0.2016	0.2503	0.4457
LM-lag	1.7585	—	—
Robust-LM-lag	11.0764***	—	—

续表

指标	OLS	SLM	SEM
LM-error	7.4345***	—	—
Robust-LM-error	16.7523***	—	—
LIC	-11.4987	-10.4568	-5.6351
AIC	26.9974	26.9137	15.2703
SC	30.781	32.5891	19.0539

注：采用 OLS 方法时括号内数值为系数的 t 统计量，采用空间回归模型时括号内数值为系数的 z 统计量；***、**、* 分别代表 1%、5%和 10%显著性水平。

在三个模型中，β 的估计系数均为负值且通过了 1%的显著性检验。对比分析发现，考虑空间因素后，β 系数的绝对值越大，半衰期越短、收敛速度越快，说明空间因素在兰州—西宁地区县域人均生产总值的收敛过程中发挥着重要作用。基于空间误差模型的计算结果显示，β 的估计系数为-0.3439，表明 2000—2020 年兰州—西宁地区县域人均生产总值存在显著的绝对 β 收敛特征，且每年的收敛速度达到了 2.107%。

进一步将研究期划分为两个时期，分别构建空间回归模型（见表 5-4）。2000—2010 年，三个模型中 β 的估计系数均为负值且通过了 10%的显著性检验，但是莫兰指数没有通过显著性检验，且空间滞后变量的回归系数与误差项的空间自回归系数也没有通过显著性检验，说明该时期空间因素的作用不显著，故应采用 OLS 方法的估计结果。基于 OLS 估计方法的模型结果显示，β 的估计系数为-0.0758，表明 2000—2010 年兰州—西宁地区人均生产总值存在绝对 β 收敛特征，且每年的收敛速度约为 0.788%。

表 5-4　分时期人均生产总值的绝对 β 收敛结果

指标	2000—2010 年			2010—2020 年		
	OLS	SLM	SEM	OLS	SLM	SEM
α	1.7407*** (4.75)	1.6614*** (3.59)	2.1235*** (5.36)	1.9590*** (5.21)	1.7998*** (3.86)	2.4245*** (5.55)
β	-0.0758* (-1.74)	-0.0802* (-1.86)	-0.1233* (-2.63)	-0.1210*** (-3.06)	-0.1172*** (-2.87)	-0.1710*** (-3.75)

续表

指标	2000—2010 年			2010—2020 年		
	OLS	SLM	SEM	OLS	SLM	SEM
ρ	—	0. 1015 (0. 49)	—	—	0. 1485 (0. 75)	—
λ	—		0. 3118 (1. 64)	—	—	0. 4524*** (2. 69)
稳态值	1. 6181	1. 5380	1. 8904	1. 7475	1. 6110	2. 0705
收敛速度(%)	0. 788	0. 836	1. 316	1. 290	1. 247	1. 875
半衰期(年)	87. 963	82. 912	52. 671	53. 732	55. 585	36. 968
Moran' SI	1. 4550	—	—	1. 9827**	—	—
R^2	0. 0603	0. 0661	0. 1079	0. 1658	0. 1773	0. 2538
LM-lag	0. 1852	—	—	0. 4111	—	—
Robust-LM-lag	8. 7946***	—	—	5. 2884**	—	—
LM-error	1. 0484	—	—	2. 1868	—	—
Robust-LM-error	9. 6578***	—	—	7. 0642***	—	—
LIC	1. 3315	1. 4324	2. 1019	7. 5220	7. 7517	9. 1290
AIC	1. 3370	3. 1353	-0. 2038	-11. 0440	-9. 5034	-14. 2580
SC	5. 1207	8. 8108	3. 5799	-7. 2603	-3. 8279	-10. 4744

注：采用 OLS 方法时括号内数值为系数的 t 统计量，采用空间回归模型时括号内数值为系数的 z 统计量；***、**、* 分别代表 1%、5%和 10%显著性水平。

2010—2020 年，三个模型中 β 的估计系数均为负值且通过了 1%的显著性检验。莫兰指数通过 5%的显著性检验，虽然空间滞后变量的回归系数没有通过显著性检验，但误差项的空间自回归系数通过了 1%的显著性检验，进一步综合对比 LM 检验及 LIC、AIC 和 SC 的统计量值可以判断得出应采用 SEM 模型的结果。基于 SEM 方法的估计结果显示，β 的估计系数为-0. 1710，表明 2010—2020 年兰州—西宁地区人均生产总值存在绝对 β 收敛，且每年的收敛速度约为 1. 875%。比较而言，2010—2020 年兰州—西宁地区人均生产总值较 2000—2010 年不仅有更强的空间相关性，而且有更高的稳态值和收敛速度。

5.4.2.2 综合指数的绝对β收敛检验

表5-5列出了基于三种估计方法得出的2010—2020年县域经济发展综合指数的绝对β收敛估计结果。三个模型中β的估计系数均为正值且通过了10%的显著性检验。莫兰指数通过1%的显著性检验，且空间滞后变量的回归系数、误差项的空间自回归系数亦通过了1%的显著性检验。进一步综合比对LM检验及LIC、AIC和SC的统计量值可以得出应采用SEM模型的结论。基于SEM方法的估计结果显示，β的估计系数为0.1639，表明2010—2020年兰州—西宁地区县域综合指数不存在绝对β收敛特征，即研究期内综合指数呈现出发散特征。

表5-5 2010—2020年综合指数的绝对β收敛检验

指标	OLS	SLM	SEM
α	0.2659 (2.68)***	0.1858 (2.02)***	0.2545 (2.49)***
β	0.1778 (1.96)*	0.1344 (1.65)*	0.1639 (1.75)*
ρ	—	0.4919 (3.11)***	—
λ	—	—	0.5025 (3.16)***
Moran'I	0.2558***	—	—
R^2	0.0757	0.2374	0.2442
LM-lag	7.1813***	—	—
LM-error	7.7755***	—	—
Robust-LM-lag	0.0656	—	—
Robust-LM-error	0.6599	—	—
LIC	57.4699	60.8287	60.9793
AIC	-110.940	-115.657	-117.959
SC	-107.156	-109.982	-114.175

注：采用OLS方法时括号内数值为系数的t统计量，采用空间回归模型时括号内数值为系数的z统计量；***、**、*分别代表1%、5%和10%显著性水平。

5.4.3　稳健性检验

为检验研究期间兰州—西宁地区人均生产总值与综合指数绝对 β 收敛分析结果的稳健性，采用空间计量分析时以地理距离权重取代邻接权重。根据前文的模型选择标准，变换空间权重矩阵后依然适用空间误差模型（见表 5-6）。

表 5-6　基于地理距离权重的绝对 β 收敛估计结果

指标	空间误差模型	
	人均生产总值（2000—2020 年）	综合指数（2010—2020 年）
α	4.0401 (8.52)***	0.2548 (2.68)***
β	−0.2543 (−4.55)***	0.1680 (1.97)**
λ	0.5001 (2.58)***	0.4247 (2.01)**
稳态值	3.2210	—
收敛速度（%）	1.467	—
半衰期（年）	47.249	—
R^2	0.2910	0.1800
LIC	−9.4443	59.9644
AIC	22.886	−115.929
SC	26.6722	−112.145

注：括号内数值为系数的 z 统计量；***、**、* 分别代表 1%、5%和 10%显著性水平。

基于地理距离权重的空间误差模型结果显示，2000—2020 年人均生产总值存在绝对 β 收敛，而 2010—2020 年综合指数不存在绝对 β 收敛，这与基于邻接权重矩阵的空间误差模型分析结果一致，说明前文关于绝对 β 收敛的判断结论具有稳健性。

5.5 条件β收敛检验

5.5.1 控制变量选取

从经济学理论来说，资本边际报酬变化、技术进步、区域内经济结构的变动以及区域经济一体化等机制或因素都有可能导致经济收敛，而这也正是研究经济收敛问题的复杂之处。在实证研究中，由于研究目标的不同，相关控制变量的选取存在较大差异。Islam(1995)、Caselli 等(1996)基于索罗增长模型选择了储蓄率的对数值、劳动力增长率、外生技术进步率与折旧率之和的对数值作为控制变量[179-180]。Barro(1998)在研究中选择人力资本、预期寿命、储蓄倾向、生育率、政府消费率、法治、贸易条件、民主化程度等变量得出了条件趋同的结论[181]。林毅夫等(2003)在研究中选择了储蓄率、劳动力平均增长率、人力资本、外国直接投资、产业结构以及地区虚拟变量等指标考察了我国 1978—2000 年的条件收敛情况[182]。姚先国等(2008)在研究中考虑了教育、人口出生率、政府支出规模、基础设施、城乡收入差距、非农人口比率以及专利数等控制变量后发现我国省区经济在 1985—2005 年呈现出较快的条件收敛迹象[44]。另外，相关研究证明初始的人均收入水平和人力资源禀赋对经济增长绩效具有持续性影响[134]。

当前，兰州—西宁地区正处于经济结构调整时期，产业结构高级化与人口城镇化使得县域间劳动生产率差异逐步减小。与此同时，人口分布对兰州—西宁地区的县域经济差异有重要影响，有无人口加权的泰尔指数有明显差别，甚至考虑人口加权的泰尔指数与不考虑人口加权的泰尔指数呈现出完全相反的变化趋势(见图 5-6)①，这与相关研究文献的发现一致(范剑勇等，2007)[183]。

因此，基于数据的可获性，本节将人口分布因素(*Popu*，各县域人口占区域总人口的比重)、城镇化水平(*Urban*，城镇人口占常住人口的比重)、产业结构高级化(*Indus*，用产业结构高级化指数的对数表示②)以及人力资本(*Edu*，平均受教育年限)③作为条件收敛的控制变量。

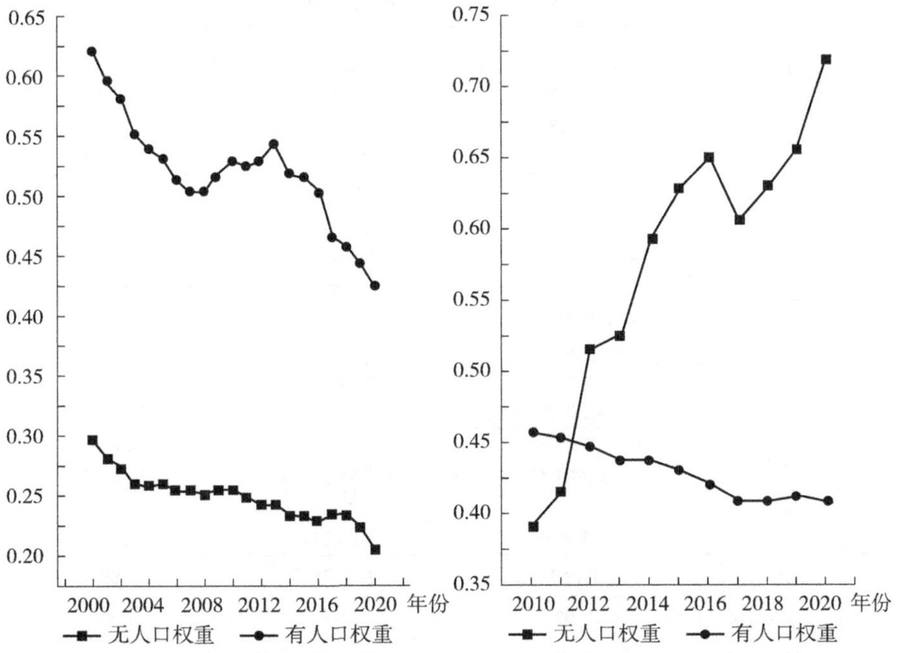

(a) 人均生产总值　　(b) 综合指数

图 5-6　有无人口权重的泰尔指数比较

---

① 含有人口权重与不含人口权重的结论出现截然相反的情况，其原因是含有人口权重计算时，在加重了低收入地区份额的同时降低了高收入地区的份额，使得计算结果呈现出缩小的趋势。

② 产业结构高级化指数 $= \sum_{i=1}^{3} x_i \cdot i$，$x_i$ 代表第 i 产业产值在生产总值中所占的比重。

③ 当然，人力资本包括如教育、健康水平和技能水平等方面，受到数据可获性的约束，本书仅考虑教育，以平均受教育年限来衡量人力资本水平。

5.5.2 空间计量检验

5.5.2.1 人均生产总值的条件β收敛检验

引入控制变量后的条件 β 收敛模型选择标准与前文一致，经综合比较，2000—2020 年及分时期的条件 β 收敛模型均以空间误差模型最为合适（见表 5-7）。

表 5-7 人均生产总值的条件β收敛结果

指标	2000—2020 年	2000—2010 年	2010—2020 年
	OLS	SLM	SEM
α	2.3134 (2.63)***	2.2795 (2.86)***	2.4935 (3.61)***
β	-0.3089 (-4.52)***	-0.2993 (-4.59)***	-0.2911 (-5.95)***
λ	0.4101 (2.43)***	0.43321 (2.95)***	0.4516 (3.43)***
Popu	-0.1471 (-2.09)**	-0.0905 (-1.87)	-0.1662 (-2.71)***
Urban	0.3531 (4.30)***	0.3028 (4.49)***	0.1399 (3.78)***
ln*Indus*	0.2503 (3.85)***	0.3310 (3.64)***	0.2684 (3.62)***
Edu	0.0235 (1.50)	0.0038 (0.22)	0.0321 (1.47)
稳态值	1.7547	1.7655	1.8870
收敛速度(%)	1.920	3.440	3.877
半衰期(年)	36.097	20.147	17.877

注：括号内数值为系数的 z 统计量；***、**、* 分别代表 1%、5%和 10%显著性水平。

从表 5-7 中可以发现，2000—2020 年的 β 估计系数为-0.3089，且通过了 1%的显著性检验，表明 2000—2020 年兰州—西宁地区人均生产总值存在条件 β 收敛特征，每年的收敛速度约为 1.92%。2000—2010 年和 2010—2020 年 β 估计系数分别为-0.2993 和-0.2911，且均通过了 1%的显著性检验，表明两个时期兰州—西宁地区的县域人均生产总值均出现了条件 β 收敛特征，每年的收敛速度分别约为 3.44%和 3.877%，均明显高于绝对 β 收敛速度。

5.5.2.2　综合指数的条件β收敛检验

综合比较可判断出，引入控制变量后 2010—2020 年综合指数的条件β收敛模型以空间误差模型最为合适(见表 5-8)。从表 5-8 中可以发现，β估计系数为-0.4273，且通过了 1%的显著性检验，表明 2010—2020 年兰州—西宁地区的综合指数存在条件β收敛特征。根据式(5-4)可计算得出综合指数条件β收敛每年的收敛速度约为 5.574%。

表 5-8　2010—2020 年综合指数的条件β收敛结果

指标	OLS	SLM	SEM
α	0.6465 (3.68)***	0.6026 (3.69)***	0.6904 (4.07)***
β	-0.3982 (-3.65)***	-0.3723 (-3.69)***	-0.4273 (-3.96)***
ρ	—	0.2923 (1.83)*	—
λ	—	—	0.4413 (2.60)***
Popu	1.5172 (2.49)***	1.2040 (2.07)**	1.5991 (2.84)***
Urban	0.2910 (4.55)***	0.2825 (4.90)***	0.2811 (5.09)***
ln*Indus*	0.2472 (2.53)**	0.2341 (2.65)***	0.2317 (2.45)**
Edu	0.0126 (1.67)	0.0141 (2.02)**	0.0090 (1.36)
Moran' SI	0.1788***	—	—
R^2	0.5821	—	—
LM-lag	3.0446*	—	—
LM-error	3.8004***	—	—
Robust-LM-lag	0.0665	—	—
Robust-LM-error	0.8223	—	—
LIC	76.9156	78.3755	79.0437
AIC	-141.831	-142.751	-146.087
SC	-130.48	-129.508	-134.737

注：采用 OLS 方法时括号内数值为系数的 t 统计量，采用空间回归模型时括号内数值为系数的 z 统计量；***、**、*分别代表 1%、5%和 10%显著性水平。

5.5.3 稳健性检验

第一，内生性问题。由于城镇化与以人均生产总值、综合指数衡量的经济发展水平之间可能存在双向因果的内生性问题，理想的工具变量需要满足两个条件：一是相关性，即工具变量与内生解释变量(城镇化率)相关；二是外生性，即工具变量不会直接影响被解释变量。为了控制双向因果关系对研究结论的干扰，采用县城建成区面积作为工具变量进行检验，就相关性而言人口城镇化率的提高会增加对土地要素的需求，就外生性而言土地要素投入受到政策的严格约束，相对于人口城镇化而言是一种外生变量。工具变量回归结果与原变量回归结果保持一致，说明原模型的结果具有稳健性(见表 5-9)。

表 5-9 基于工具变量的条件β收敛估计结果

指标	空间误差模型	
	人均生产总值(2000—2020 年)	综合指数(2010—2020 年)
α	2.3019 (2.57)***	0.5213 (3.35)***
β	−0.2615 (−4.01)***	−0.3117 (−3.24)***
Popu	−0.1135 (−2.14)**	1.3698 (2.51)***
ln*Land*	0.0691 (3.01)***	0.0793 (2.32)***
ln*Indus*	0.2218 (2.97)***	0.1571 (2.29)**
Edu	0.0312 (1.67)	0.0103 (1.43)

注：括号内数值为系数的 z 统计量；***、**、*分别代表 1%、5%和 10%显著性水平。

第二，更换空间权重矩阵。为进一步检验上述分析结论的稳健性，以地理距离权重取代邻接权重重新定义兰州—西宁地区县域之间的空间关系，并据此分别构建人均生产总值和综合指数的空间误差模型(见表 5-10)。模型估计结果显示，β 估计系数的符号和显著性没有发生变化，其余变量的符号不变且显著性水平保持不变或提高，故原模型的估计结果具有稳健性。

表 5-10　基于地理距离权重的条件β收敛估计结果

指标	空间误差模型	
	人均生产总值(2000—2020 年)	综合指数(2010—2020 年)
α	1. 8701 (2. 57)***	0. 6566 (3. 85)***
β	-0. 2546 (-4. 77)***	-0. 4074 (-3. 87)***
Popu	-0. 1667 (-2. 75)**	1. 5078 (2. 60)***
Urban	0. 4923 (3. 97)***	0. 2894 (4. 89)***
ln*Indus*	0. 2536 (3. 92)***	0. 2407 (2. 58)***
Edu	0. 0394 (2. 52)*	-0. 0118 (-1. 69)*

注：括号内数值为系数的 z 统计量；***、**、* 分别代表 1%、5%和 10%显著性水平。

5. 6　俱乐部收敛检验

5. 6. 1　马尔科夫链估计

依据马尔科夫链原理，基于数据分布特点，特别是核密度分析结果，兼顾统计分析结果对大样本性质的需求，在借鉴相关研究的基础上将兰州—西宁地区县域人均生产总值与综合指数分别划分为三种类型[184-186]：①人均生产总值的分类标准为：低水平(L)，即人均生产总值低于平均值的 75%；中水平(M)，即人均生产总值为平均值的 75%~125%；高水平(H)，即人均生产总值高于平均值的 125%。②综合指数的分类标准为：低水平(L)，即综合指数值低于平均值的 95%；中水平(M)，即综合指数值为平均值的 95%与 105%；高水平(H)，即综合指数值高于平均值的 105%。于是，可分别构建得出兰州—西宁地区人均生产总值与综合指数的马尔科夫转移概率矩阵(见表 5-11)。

表 5-11　基于邻接权重的马尔科夫转移概率矩阵

t_i/t_{i+1}	人均生产总值(2000—2020 年)				综合指数(2010—2020 年)			
	n	L	M	H	n	L	M	H
L	486	0.9712	0.0288	0.0000	250	0.9560	0.0400	0.0040
M	232	0.0345	0.9181	0.0474	126	0.1349	0.8254	0.0397
H	262	0.0000	0.0344	0.9656	114	0.0088	0.0351	0.9561

由人均生产总值的马尔科夫转移概率矩阵可以发现：第一，县域人均生产总值马尔科夫矩阵主对角线上的概率值最大，表明 2000—2020 年兰州—西宁地区的县域经济不仅存在着俱乐部收敛特征，而且不同俱乐部之间转移的概率较低，基于人均生产总值的县域经济差异可能存在着固化现象。第二，不同俱乐部的收敛程度有所不同。其中，低水平俱乐部的收敛程度最高，其概率值达到了 0.9712；中水平俱乐部的收敛程度最低，概率值为 0.9181。第三，三类俱乐部均仅向其邻近俱乐部转移，没有越级转移的情况出现。其中，中水平俱乐部转向高水平俱乐部的可能性最大，其概率值约为 0.0474。

由综合指数的马尔科夫转移概率矩阵可以发现：第一，综合指数马尔科夫矩阵主对角线上的概率值最大，表明 2010—2020 年兰州—西宁地区的县域经济存在着俱乐部收敛特征。第二，不同俱乐部的收敛程度有所不同。其中，高水平俱乐部的收敛程度最高，其概率值约为 0.9561；中水平俱乐部的收敛程度最低，概率值仅为 0.8254。第三，三类俱乐部均不仅向其邻近俱乐部转移，而且出现了越级转移的情况。其中，中水平向低水平俱乐部转移的可能性在所有邻近俱乐部转移中是最高的，相应概率值为 0.1349；高水平向低水平俱乐部转移的可能性在越级转移中是最高的，其概率值约为 0.0088。

5.6.2　空间马尔科夫链估计

虽然传统马尔科夫链可以揭示时间维度上兰州—西宁地区人均生产总

值或综合指数的收敛性，却未能体现相邻县域单元间人均生产总值或综合指数的空间相关性。因此，在借助邻接空间权重矩阵计算空间滞后算子明确各县域与邻域关系的基础上，依照前述分类标准将邻近县域划分为三个类型，并据此分别构建兰州—西宁地区人均生产总值与综合指数的空间马尔科夫转移概率矩阵(见表 5-12)。

表 5-12 基于邻接权重的空间马尔科夫转移概率矩阵

空间滞后	t_i/t_{i+1}	人均生产总值(2000—2020 年)				综合指数(2010—2020 年)			
		n	L	M	H	n	L	M	H
L	L	222	1.0000	0.0000	0.0000	49	0.9796	0.0204	0.0000
	M	18	0.0556	0.9444	0.0000	62	0.0806	0.9194	0.0000
	H	80	0.0000	0.0382	0.9618	29	0.0000	0.0690	0.9310
M	L	107	0.9159	0.0841	0.0000	39	0.9231	0.0769	0.0000
	M	167	0.0299	0.9342	0.0359	108	0.0741	0.8426	0.0833
	H	66	0.0000	0.0455	0.9545	33	0.0000	0.2424	0.7576
H	L	131	0.9542	0.0458	0.0000	89	0.8989	0.1011	0.0000
	M	102	0.0196	0.9510	0.0294	14	0.0714	0.8572	0.0714
	H	87	0.0000	0.0230	0.9770	67	0.0000	0.0149	0.9851

比较两种马尔科夫转移概率矩阵可以发现，它们对应元素的数值不一致，说明相邻县域的人均生产总值或综合指数对兰州—西宁地区的俱乐部收敛具有不可忽视的影响。同时，不同空间滞后条件在县域经济类型转移中的作用有所不同。当以低水平县域为邻时，高水平俱乐部的收敛程度会下降，而低水平俱乐部的收敛程度则会增强；当以高水平县域为邻时，高水平俱乐部的收敛程度有所增强，而低水平俱乐部的收敛程度则有所下降。

具体而言：①从人均生产总值来看，县域类型由低水平转为中水平的平均概率约为 0.0288；当其分别以中水平和高水平县域为邻时，相应概率提高至 0.0841 和 0.0458；而以低水平县域为邻时，其概率则下降为 0。县域类型由高水平转为中水平的平均概率约为 0.0344；当其以高水平县域为邻时，相应概率下降至 0.0230；而以低水平县域为邻时，其概率则提高至 0.0382。②从综合指数来看，县域类型由低水平转为中水平的平均概率约为0.04；当其以中水平和高水平县域为邻时，相应概率分别提高至0.0769和0.1011；而以低水平县域为邻时，其概率则下降为0.0204；且不存在越级转移的可能性。县域类型由高水平转为中水平的平均概率约为0.0351；当其以高水平县域为邻时，相应概率下降至0.0149；而以低水平县域为邻时，其概率则提高至0.0690。

由此可见，无论是基于人均生产总值还是综合指数，兰州—西宁地区县域经济活动均存在俱乐部收敛，且在空间分布上出现了所谓"近朱者赤，近墨者黑"的现象。

5.6.3 稳健性检验

为检验上述分析结论的稳健性，从改变空间权重矩阵和调整时间跨度两个方面展开稳健性分析。首先，以地理距离权重取代邻接权重重新定义兰州—西宁地区县域之间的空间关系，并据此分别构建人均生产总值和综合指数的空间马尔科夫转移概率矩阵（见表5-13）。由表5-13可以发现，基于地理距离权重矩阵的主对角线上的概率值依然最大，且空间滞后条件在县域经济类型转移中的作用与前文分析基本保持一致。

表5-13 基于地理距离权重的空间马尔科夫转移概率矩阵

空间滞后	t_i/t_{i+1}	人均生产总值（2000—2020年）				综合指数（2010—2020年）			
		n	L	M	H	n	L	M	H
L	L	49	0.9796	0.0204	0.0000	10	1.0000	0.0000	0.0000
	M	67	0.0597	0.9403	0.0000	38	0.1053	0.8684	0.0263
	H	24	0.0000	0.0417	0.9583	12	0.0000	0.0833	0.9167
M	L	358	0.9665	0.0335	0.0000	208	0.9519	0.0481	0.0000
	M	150	0.0133	0.9534	0.0333	59	0.1017	0.8136	0.0847
	H	212	0.0000	0.0283	0.9717	103	0.0000	0.0388	0.9612
H	L	54	0.9630	0.0370	0.0000	9	0.7778	0.2222	0.0000
	M	46	0.0217	0.9783	0.0000	44	0.0455	0.8636	0.0909
	H	20	0.0000	0.0000	1.0000	7	0.0000	0.0000	1.0000

其次，将时间跨度由1年调整为2年，并分别构建兰州—西宁地区的人

均生产总值与综合指数的两类马尔科夫转移概率矩阵(见表 5-14、表 5-15)。基于传统马尔科夫链矩阵可以发现，人均生产总值的三种类型中维持原有类型的最低可能性为 85.09%，综合指数的三种类型中维持原有类型的最低可能性也达到了 76.47%；对比两类马尔科夫转移概率矩阵可发现，空间滞后条件有强化收敛的作用。

表 5-14　基于邻接权重的马尔科夫转移概率矩阵(t=2)

t_i/t_{i+2}	人均生产总值(2000—2020 年)				综合指数(2010—2020 年)			
	n	L	M	H	n	L	M	H
L	245	0.9551	0.0449	0.0000	122	0.9508	0.0492	0.0000
M	114	0.0614	0.8509	0.0877	68	0.1912	0.7647	0.0441
H	131	0.0076	0.0534	0.9389	55	0.0000	0.0364	0.9636

注：t=2 表示时间跨度为 2 年。

表 5-15　基于邻接权重的空间马尔科夫转移概率矩阵(t=2)

空间滞后	t_i/t_{i+1}	人均生产总值(2000—2020 年)				综合指数(2010—2020 年)			
		n	L	M	H	n	L	M	H
L	L	111	1.0000	0.0000	0.0000	24	0.9583	0.0417	0.0000
	M	9	0.1111	0.8889	0.0000	31	0.1613	0.8387	0.0000
	H	40	0.0000	0.0750	0.9250	15	0.0000	0.0667	0.9333
M	L	56	0.8929	0.1071	0.0000	20	0.8500	0.1500	0.0000
	M	82	0.0366	0.9024	0.0610	54	0.0556	0.8333	0.1111
	H	32	0.0000	0.0625	0.9375	16	0.0000	0.2500	0.7500
H	L	65	0.9538	0.0462	0.0000	45	0.9111	0.0889	0.0000
	M	51	0.0588	0.9216	0.0196	7	0.1429	0.5714	0.2857
	H	44	0.0000	0.0455	0.9545	33	0.0000	0.0303	0.9697

注：t=2 表示时间跨度为 2 年。

最后，除采用人均生产总值平均值的 75%、125%和综合指数平均值的 95%、105%作为分界点对兰州—西宁地区县域经济进行类型划分外，还尝试采用其他分界点(人均生产总值平均值的 80%、120%和综合指数平均值的 90%、110%)分别构建了相应的马尔科夫转移概率矩阵，结果均表明，兰州—西宁地区的县域经济在相应研究期内都存在俱乐部收敛现象。

由此可见，兰州—西宁地区人均生产总值与综合指数的俱乐部收敛分析结论具有稳健性。

本章小结

本章综合应用统计学方法和空间回归模型检验了兰州—西宁地区县域经济的收敛性。研究发现：2000—2020 年兰州—西宁地区的县际人均生产总值存在 σ 收敛、绝对 β 收敛和条件 β 收敛，其中绝对 β 收敛和条件 β 收敛每年的收敛速度分别为 2. 107%和 1. 92%；2010—2020 年兰州—西宁地区的县际综合指数虽然不存在 σ 收敛和绝对 β 收敛，但是在考虑相关控制变量后却存在条件 β 收敛，每年的收敛速度约为 5. 574%；基于马尔科夫链的研究发现，人均生产总值和综合指数在研究期内均存在俱乐部收敛特征，且空间因素对俱乐部收敛产生重要影响。

第6章

兰州—西宁地区县域经济差异的影响因素分析

6.1 理论分析与指标选择

6.1.1 地理因素

地理因素是影响经济差异的重要因素，在兰州—西宁地区首要的地理因素便是海拔。相关研究表明[187]：不同海拔地区的人居适宜性有明显差别，海拔在1800米以下属于很适宜或适宜，1800~2800米属于有所不适宜，2800~3600米为一般人不适宜，而3600米以上则是大多数人不适宜。通常随着海拔的上升，不仅气温和气压均会相应下降，而且生态环境的脆弱程度也会相应加剧，既不利于人口长期居住和生活，也不利于经济活动的集聚。由于县城是县级行政单元的核心地带和行政中心，人口集聚程度相对较高，经济活动较为活跃，因此本节基于百度地图采用县级人民政府所在地的海拔来代表该县域单元的海拔。

海拔数据显示，兰州—西宁地区仅有12个县域单元县城所在地的海拔低于1800米，县城所在地的海拔介于1800~2800米的县域单元有30个，其余7个县域单元县城所在地的海拔超过了2800米，海晏、刚察和贵南三县的县城所在地海拔甚至超过了3000米。相对而言，海拔越高的县域单元人口规模和经济发展水平越低，经济发展水平与海拔之间存在着某种程度的负向关系(见图6-1)。

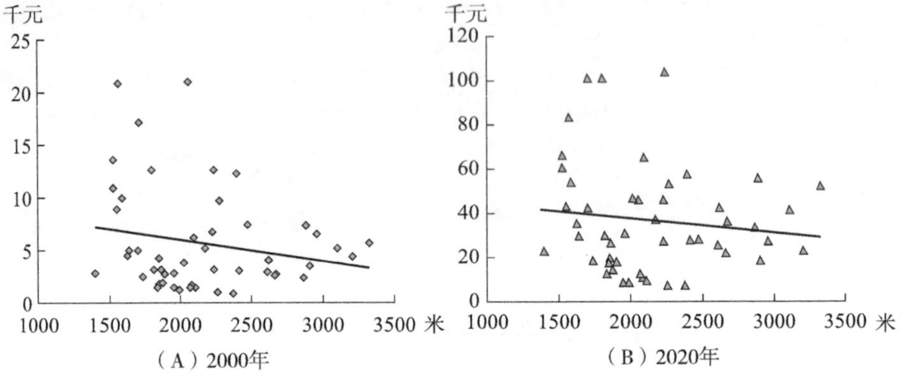

图 6-1　2000 年和 2020 年县域人均生产总值与海拔的散点图

在实地调研以及与高海拔地区人群的访谈中了解到，当地居民或者工作人员都认为海拔是影响人口分布以及经济发展的重要因素之一[①]，为尽量降低海拔因素的影响，他们即便在当地生活或工作，一般也会在省会城市或海拔较低的城市购买住房用于休养或者退休生活。

与此同时，与本省省会城市的距离也是影响县域经济发展的重要地理因素之一。一般而言，县域离省会城市越近，区位条件相对越好，既可以凭借良好的区位条件集聚各类生产要素实现自我发展，也可以在省会城市的辐射带动下实现经济快速增长。当然，在市场经济条件下，省会城市亦可能凭借其规模经济效应、良好的基础设施条件以及优质的公共服务供给对周边县域产生较强的“虹吸效应”，从而不利于这些县域的发展。综合来看，当省会城市的极化效应大于扩散效应时，离省会城市更近的县域将面临更大挑战；当省会城市的极化效应小于扩散效应时，离省会城市更近的县域将获得更多发展机会。当前，兰州市和西宁市正处于大城市成长及向都市圈形成的过渡阶段，吸引着周边地区的资源不断集聚，这可以从两市

① 事实上，高海拔地区通常会有相应津贴，同一省份内高海拔地区工作人员的工资收入水平高于低海拔地区的同类人员。在《关于艰苦边远地区范围和类别的规定》（国人部发〔2006〕61号）中，兰州—西宁地区的 49 个县域单元除兰州市的城关区、七里河区、安宁区和西固区外，其余 45 个县域单元均被列入艰苦边远地区，其中一类 2 个、二类 20 个、三类 12 个、四类 10 个、五类 1 个。不同类别地区有相应的津贴标准，类别越高，津贴标准越高。

生产总值占所在省份的比重变化中得到印证(见图 6-2)。

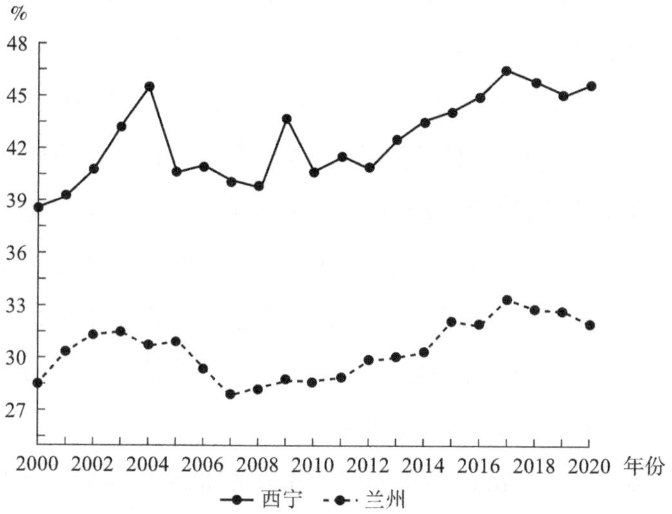

图 6-2　兰州市和西宁市生产总值占所在省份比重的变化情况

2000—2020 年西宁市生产总值占青海省的比重在波动中由 38.58%上升至 45.68%，兰州市生产总值占甘肃省的比重也在波动中由 28.52%提高至 32.02%。这在一定程度上说明兰州市和西宁市在区域经济活动中表现出来的极化效应大于扩散效应，而对周边县域而言，则意味着距离中心城市越近，虹吸效应越大，反之则越小。由于本节的研究范围包括兰州市和西宁市的主城区，故基于百度地图采用各县级人民政府所在地到所在省份人民政府所在地的公路距离代表该县域单元与本省省会城市的距离。

6.1.2　经济因素

在地理因素大致相同的情况下，经济因素成为影响县域经济差异的关键性因素。库兹涅茨认为现代经济增长不仅是一个总量问题，更是一个结构问题，“如果不去理解和衡量生产结构的变化，经济增长是难以理解的[188]”。

罗斯托认为近代经济增长实质上是一个部门不平衡增长的过程，即主导产业部门先获得增长，再通过回顾影响、旁侧影响和前瞻影响对其他产业部门施以诱发作用，最终带动整个经济的增长[189]。钱纳里等则是将经济发展视为持续增长所必需的经济结构的一系列相互关联的变化[190]，而产业结构转变是理解发展中国家与发达国家经济发展区别的一个核心变量，同时也是后发国家加快经济发展的本质要求。相关经验研究结果也表明，产业结构变动是影响经济增长的重要因素[191-193]。如前文所述，工业化和经济服务化是兰州—西宁地区产业结构变迁的重要特征，而这种产业结构变动的资源再配置效应可以提高社会的整体生产率水平，从而推动经济增长[194]。本节采用产业结构高级化指标(二三产业增加值占地区生产总值的比重)来表征各县域单元的产业结构变迁。

除产业结构外，经济活动空间结构的影响也至关重要。正如 Krugman (1991)在《地理与贸易》一书中指出的那样，经济活动最突出的地理和空间特征是集中[195]。这种集中主要表现为要素资源的集聚，它们汇集所产生的空间集聚效应能够有效地促进经济增长。于是，衡量单位面积土地上经济集中程度的经济密度指标成为研究经济集聚与分散、经济空间结构演变的重要枢纽性变量之一[196]。一般而言，经济密度越高，生产率相应越高，经济发展水平相对越高。事实上，兰州—西宁地区各县域单元的人均生产总值与土地经济密度之间呈现出一定程度的正向关系(见图 6-3)。因而，可以认为经济密度的提升有利于兰州—西宁地区县域经济发展。本节采用各县域生产总值与其行政区面积之比来表征各县域经济活动的集聚度。

随着产业结构的变迁以及由经济活动集中所带来的规模经济效应，人口特别是劳动力倾向于流向具有更高边际报酬的地区或者行业，表现为城镇地区以及非农产业就业的劳动力比例上升，即城镇化水平提高。城镇化进程不仅能扩大市场需求规模和推动市场需求多元化，进而促进专业化分工和提高劳动效率，而且能够在规模经济效应的作用下降低公共服务供给的平均成本，进而有助于提高资源配置效率。事实上，兰州—西宁地区各县域单元的人均生产总值与城镇化水平之间也存在着一定程度的正向关系

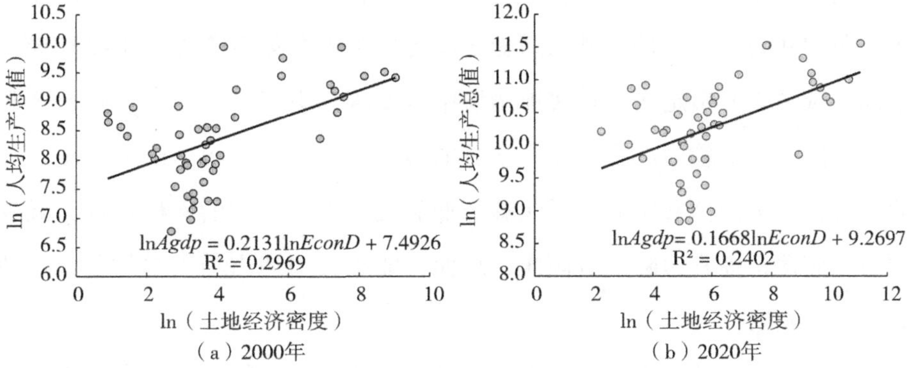

图 6-3　兰州—西宁地区县域人均生产总值与土地经济密度的散点图

（见图 6-4）。因而，可以认为城镇化水平的提升有助于推动兰州—西宁地区县域经济发展。本节以常住人口中城镇人口所占比例来表征城镇化水平。

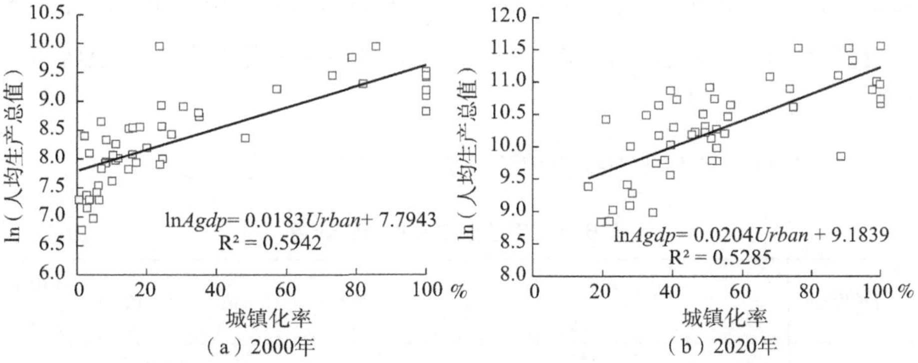

图 6-4　兰州—西宁地区县域人均生产总值与城镇化水平的散点图

6.1.3　社会因素

除了地理和经济因素外，社会因素也是兰州—西宁地区县域经济发展的重要影响因素。面对公共服务供给的地区差距，人口和企业通常以“用脚投票”的方式流入拥有优质医疗教育资源、完善基础设施网络和良好社会保障条件的区域。在实地调研与访谈中发现，即便年轻人因为某种原因留在当地工作，因为想让小孩接受更优质的教育、老人享受更好的医疗卫生资源和社会保障条件，哪怕忍受分离的痛苦也会创造条件将小孩和老人送到区域中心城市定居。在实地调研中也发现，由于人口流向兰州市区和西宁市区的现象较为严重，周边县域的房价已经出现大幅下降的情况。与此同时，健全的公共服务体系能够降低居民对未来预期的不确定性，减少预防性储蓄，提升边际消费倾向，从而可能扩大当地市场需求规模，推动相关产业发展。

本节采用公共服务供给能力和人口密度两个指标来衡量社会因素的影响。通常情况下越是基层政府越能了解当地居民的公共服务偏好，公共服务供给越能满足居民需求，但公共服务供给能力与县域的公共财政收入有关，故采用地方一般预算收入占公共财政支出的比重来表征，该比重越高说明该县域的公共服务供给能力越强，反之则越弱。人口密度能间接反映当地的公共服务供给水平，人口密度越高说明当地公共服务供给越好，人们越愿意留在当地生活与工作，故采用县域常住人口数量与其行政区面积之比来表征。

在上述分析的基础上结合相关数据可得到基本信息，见表6-1。

表6-1　因子维度及指标统计量

因子维度	指标	单位	平均值	最小值	最大值	预期作用方向
地理	海拔(*Alt*)	米	2152.82	1394	3325	-
	与省会城市距离(*Dist*)	千米	103.38	0.41	280	+
经济	产业结构高级化(*Indus*)	%	79.14	42.16	99.99	+
	人口城镇化率(*Urban*)	%	42.12	0.56	100	+
	土地经济密度(*EconD*)	元/平方千米	2278.47	2.45	64428.53	+
社会	公共服务供给能力(*Publ*)	—	0.26	0.02	1.33	+
	人口密度(*Popu*)	人/平方千米	682.38	3.17	7134.62	+

6.2 理论模型

6.2.1 地理探测器

地理探测器是探讨经济现象空间分异性及揭示其背后驱动因素的空间统计方法，其基本思想基于的假设是：倘若某自变量对因变量具有重要影响，则自变量与因变量之间的空间分布应具有相似性[197-198]。一般而言，地理探测器由因子探测、交互作用探测、风险区探测和生态探测四个模块组成[199]。其中，因子探测模块主要是明晰因变量的空间分异状况，并揭示在统计上具有显著性的自变量及其对因变量的解释力，通常采用 q 统计量来度量，具体表达式如下[197]：

$$q = 1 - \frac{\sum_{h=1}^{L} N_h \sigma_h^2}{N\sigma^2} \qquad h=1, 2, \cdots, L \tag{6-1}$$

式(6-1)中，h 为各自变量的分层，N_h、N 分别表示第 h 分层和全部研究单元的数量；σ_h^2、σ^2 分别表示第 h 分层和全部研究单元因变量值的方差。q 值表示自变量解释了 $100q\%$ 的因变量，其值域为 0~1。同时，q 值越大表明因变量的空间分异性越明显，反之则意味着空间分异性越弱。

交互作用探测模块则可以进一步评估不同自变量之间是否具有交互作用及其作用的方向与类型[199]，即判断自变量两两共同作用时究竟是增强了还是减弱了对因变量的解释力，抑或是自变量对因变量的影响是相互独立的。交互作用类型的判断依据如表 6-2 所示。

表 6-2　两个自变量对因变量交互作用类型及判断依据

判断依据	交互作用类型
$q(x_1 \cap x_2) < \min\{q(x_1), q(x_2)\}$	非线性减弱
$\min\{q(x_1), q(x_2)\} < q(x_1 \cap x_2) < \max\{q(x_1), q(x_2)\}$	单因子非线性减弱

续表

判断依据	交互作用类型
$q(x_1 \cap x_2) > \max\{q(x_1), q(x_2)\}$	双因子增强
$q(x_1 \cap x_2) = q(x_1) + q(x_2)$	独立
$q(x_1 \cap x_2) > q(x_1) + q(x_2)$	非线性增强

6.2.2 地理加权回归模型

为了更好地了解兰州—西宁地区县域经济差异的影响因素或者驱动机制，通常需要应用回归分析模型评估这些因素变化的影响程度。当经济现象可能存在某种空间相关性时，普通线性回归方程的解释力就会明显不足。地理加权回归模型(GWR)针对普通线性回归模型的不足，将样本点数据的地理位置嵌入回归参数之中，既能有效估计具有空间自相关性的数据，也能反映参数在不同区域的空间异质性[144,200-201]，是探究兰州—西宁地区经济差异驱动因素的合适模型。模型表达式为[202-203]：

$$y_i = \beta_0(u_i, v_i) + \sum_{k=1}^{p} \beta_k(u_i, v_i)x_{ik} + \varepsilon_i \quad i = 1, 2, \cdots, n \tag{6-2}$$

式(6-2)中，y_i 为第 i 个样本点的因变量值，(u_i, v_i) 为第 i 个样本点的坐标(即该样本点的经度和纬度)，β_0 和 β_k 分别为截距和样本点 i 第 k 个自变量的参数，x_{ik} 为样本点 i 的第 k 个自变量，ε_i 为样本点 i 的随机误差项。

在地理加权回归模型(GWR)中，空间权重矩阵及带宽的确定是关键。本节基于 ArcGIS 软件选择“固定距离”的 Gauss 核函数和修正后的 Akaike 信息量准则进行地理加权回归分析。校正后的 R^2 值在 0~1 变化，且该值越大越好。同时，GWR 分析结果中的条件数可用于评估模型是否存在着局部多重共线性，当条件数小于 0、大于 30 或者被软件设置为“空”时，表明模型中存在着较为严重的局部多重共线性，从而导致估计参数既不精准也不稳定。

6.3 影响因子的定量识别

6.3.1 单因子探测分析

依据分位数分级法将上述数值型自变量划分为 5 类，即将其转换为类型量；而后借助地理探测器软件进行因子探测。探测结果显示(见表 6-3)：以人均生产总值为因变量时，2000 年海拔因素通过了 10%水平的显著性检验，距离因素通过了 5%水平的显著性检验，其余五个因素均通过了 1%水平的显著性检验；2010 年海拔因素通过了 10%水平的显著性检验，距离因素和人口密度因素通过了 5%水平的显著性检验，其余四个因素则通过了 1%水平的显著性检验；2020 年海拔因素没有通过显著性检验，距离因素通过了 5%水平的显著性检验，而其余五个因素则通过了 1%水平的显著性检验。这表明以人均生产总值来衡量的兰州—西宁地区县域经济差异主要受到土地经济密度、城镇化水平、产业结构变迁、公共服务供给能力、人口密度及距离中心城市远近等因素的影响。海拔因素虽然会在一定程度上影响该地区的县域经济差异，但两者之间的关联效应不强。

表 6-3　影响因子的 q 统计量

因变量	年份	自变量						
		Alt	*Dist*	*EconD*	*Urban*	*Indus*	*Publ*	*Popu*
人均生产总值	2000	0.2051 (0.0743)	0.2429 (0.0374)	0.4189 (0.0000)	0.5498 (0.0000)	0.5709 (0.0000)	0.5055 (0.0000)	0.3269 (0.0090)
	2010	0.2178 (0.0602)	0.2862 (0.0166)	0.3798 (0.0028)	0.5905 (0.0000)	0.6152 (0.0000)	0.4319 (0.0000)	0.2712 (0.0269)
	2020	0.1542 (0.1720)	0.2942 (0.0140)	0.4720 (0.0000)	0.439 (0.0000)	0.4765 (0.0000)	0.4306 (0.0000)	0.2033 (0.0000)

续表

因变量	年份	自变量						
		Alt	*Dist*	*EconD*	*Urban*	*Indus*	*Publ*	*Popu*
综合发展指数	2010	0. 1445 (0. 2611)	0. 5440 (0. 0000)	0. 6930 (0. 0000)	0. 6728 (0. 0000)	0. 6843 (0. 0000)	0. 6514 (0. 0000)	0. 6771 (0. 0000)
	2020	0. 1508 (0. 1927)	0. 5578 (0. 0000)	0. 7583 (0. 0000)	0. 7564 (0. 0000)	0. 8017 (0. 0000)	0. 6624 (0. 0000)	0. 7220 (0. 0000)

注：括号中的数值为 p 值。

与此同时，观察以上因子的 q 统计量值可知，2000 年城镇化水平、产业结构高级化和公共服务供给能力是兰州—西宁地区县域经济差异的主导影响因子，解释力均超过了 50%。2010 年海拔、与省会城市距离、城镇化水平和产业结构高级化的解释力有所增强，分别较 2000 年提高了 1. 27 个、4. 33 个、4. 07 个和 4. 43 个百分点；其余因子的解释力均有不同程度的下降。2020 年除土地经济密度、距离省会城市距离两个因子的解释力有所上升外，其余因子的解释力均有所减弱，表明兰州—西宁地区县域经济差异的影响因素日趋多元化，即便如此，经济活动的集聚程度以及产业结构变迁依然是该地区县域经济差异变化的主要驱动因素。

以综合发展指数为因变量时，2010—2020 年除海拔因素未通过显著性检验外，其余因子均通过了 1% 的显著性水平检验。通过显著性水平检验的各个因子，不仅解释力均超过了 50%，而且在十年间都有不同程度的提高，表明兰州—西宁地区县域经济差异的成因既有自然因素，也有经济因素和社会因素，但经济和社会两类因素的影响程度明显高于自然因素。比较而言，土地经济密度是 2010 年兰州—西宁县域经济差异最主要的影响因子，其解释力达到了 69. 3%；而 2020 年最主要影响因子则变成了产业结构高级化，其解释力甚至超过了 80%。

6. 3. 2 因子交互作用分析

进一步借助交互作用探测模块探讨不同因子之间的交互作用。以人均生产总值为因变量时，相对于单因子而言，任意双因子的交互作用均能增强其对兰州—西宁地区县域经济差异的解释力。其中，2000 年、2010 年和 2020 年属于非线性增强类型的交互作用比例分别为 14.29%、9.52%和 28.57%(见图 6-5)。

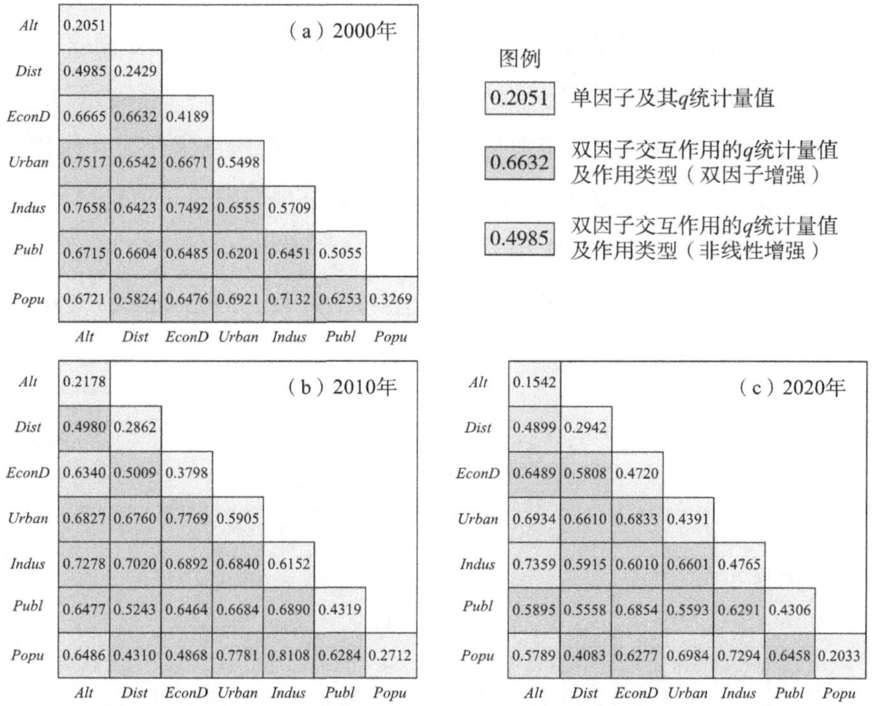

图 6-5　以人均生产总值为因变量时双因子交互作用的 q 统计量

具体而言，2000 年，海拔与产业结构高级化、城镇化水平交互作用，产业结构高级化与土地经济密度、人口密度交互作用的 q 值相对较高，它们对当年兰州—西宁地区县域经济差异的解释力超过了 70%；海拔与省会城市距离交互作用的 q 值最低，其解释力仅为 49.85%；其他因素交互作用的解释力则在 50%~70%。2010 年，产业结构高级化与人口密度交互作用的 q 值最高，其对当年兰州—西宁地区县域经济差异的解释力达到了 81.08%；与省会城市距离和人口密度交互作用的 q 值最低，其解释力约为 43.1%。2020 年，产业结构高级化与海拔、人口密度交互作用的 q 值相对较高，两者对当年兰州—西宁地区县域经济差异的解释力均超过 70%；与省会城市距离和人口密度交互作用的 q 值最低，其解释力约为 40.83%。总而言之，双因子交互作用的 q 值均高于单因子，意味着它们对兰州—西宁地区县域经济差异的解释力相对高于单因子。

同样，以综合发展指数为因变量时，任意双因子的交互作用亦能增强其对兰州—西宁地区县域经济差异的解释力（见图 6-6）。具体而言，2010 年，除海拔与省会城市距离交互作用的 q 值低于 0.7 以外，其余双因子交互作用的 q 值均高于 0.7，特别是人口密度与产业结构高级化交互作用的 q 值甚至超过了 0.8。2020 年，不仅任意双因子交互作用的 q 值均高于 0.7，而且 76.19%的双因子交互作用 q 值大于 0.8；与 2010 年比较来看，除海拔与公共服务供给能力交互作用的 q 值略有下降外，其余双因子交互作用的 q 值均有不同程度的提高。

（a）2010年

	Alt	Dist	EconD	Urban	Indus	Publ	Popu
Alt	0.1445						
Dist	0.6801	0.5440					
EconD	0.7686	0.7508	0.6930				
Urban	0.7402	0.7557	0.7628	0.6728			
Indus	0.7557	0.7995	0.7977	0.7461	0.6843		
Publ	0.7708	0.7529	0.7679	0.7625	0.7472	0.6514	
Popu	0.7647	0.7270	0.7501	0.7552	0.8170	0.7601	0.6771

（b）2020年

	Alt	Dist	EconD	Urban	Indus	Publ	Popu
Alt	0.1508						
Dist	0.7272	0.5578					
EconD	0.8217	0.7793	0.7583				
Urban	0.8130	0.8233	0.8428	0.7564			
Indus	0.8397	0.8303	0.8272	0.8562	0.8017		
Publ	0.7443	0.7763	0.8060	0.8237	0.8150	0.6624	
Popu	0.8169	0.7687	0.8090	0.8411	0.8515	0.8121	0.7720

图例 0.1445 单因子的q统计量值 0.6801 双因子交互作用的q统计量值及作用类型（双因子增强）

图 6-6 以综合指数值为因变量时双因子交互作用的 q 统计量

6.4 影响因子作用的空间差异

6.4.1 单因子作用的空间差异

在因子探测分析的基础上引入地理加权回归模型进行局部空间回归分析，进一步探究各因子的作用方向和强度在不同县域单元的差异。基本思路如下：首先，由单因子探测结果可知，不同年份和不同因变量的考察中，除海拔因子外其他六个因子均通过了显著性检验，故将通过显著性检验的六个因子作为自变量。其次，双因子交互作用均提高了其对兰州—西宁地区县域经济差异的解释力，故应在考虑避免多重共线性的基础上引入双因子作为自变量。最后，综合指数较单一指标更能全面反映县域经济的发展水平，且综合指数不存在 σ 收敛和绝对 β 收敛，更能反映该地区的经济差异，故选择综合指数值作为因变量；同时，以综合指数为因变量时，2020 年单因子和双因子交互作用的 q 统计量值明显高于 2010 年，故选择 2020 年的数据作为分析样本。

于是，以 2020 年的综合指数为因变量，以通过显著性检验的六个因子为自变量分别构建普通线性回归模型和地理加权回归模型(见表 6-4)。比较两种估计方法可以发现，GWR 的残差平方和、AICc 两项指标值小于 OLS，而 Log-likelihood、R^2等指标值大于 OLS，故采用 GWR 估计方法更为合适。

表 6-4　普通线性回归模型与地理加权回归模型的参数比较

指标	估计方法	
	OLS	GWR
Residual sum of squares	0.0212	0.0137
Log-likelihood	240.5580	261.7581
AICc	220.9580	200.100
R^2	0.8993	0.9347
Adjusted R^2	0.8822	0.8853

GWR 估计方法得出的结果显示：校正后的 R^2 值为 0.8853，条件数在 28~29，说明模型拟合程度较好，且通过了多重共线性检验，间接反映出因子探测分析的结果具有可信性。进一步从各自变量的估计系数来看(见表 6-5)：首先，这六个自变量的回归系数均为正值，与预期的作用方向基本一致；其次，*Dist*、*EconD* 和 *Popu* 三个自变量的系数及相应标准差偏小，说明它们对兰州—西宁地区县域经济差异的影响较小，且影响程度的空间

异质性表现不明显；最后，*Urban*、*Indus* 和 *Publ* 三个自变量的系数较大且相应标准差偏大，说明它们对兰州—西宁地区县域经济差异的影响较大，且影响程度具有一定的空间异质性。

表 6-5　基于 GWR 方法的自变量系数统计量

自变量	最小值	中位数	最大值	标准差
常数项	0.2170	0.2171	0.2172	0.4690×10^{-4}
Dist	0.4035×10^{-4}	0.4040×10^{-4}	0.4041×10^{-4}	0.1784×10^{-7}
EconD	0.6498×10^{-6}	0.6506×10^{-6}	0.6513×10^{-6}	0.0040×10^{-7}
Urban	0.5118×10^{-1}	0.5123×10^{-1}	0.5126×10^{-1}	0.1924×10^{-4}
Indus	0.1085	0.1086	0.1087	0.3991×10^{-4}
Publ	0.8962×10^{-1}	0.8968×10^{-1}	0.8977×10^{-1}	0.3319×10^{-4}
Popu	1.2851×10^{-5}	1.2854×10^{-5}	1.2856×10^{-5}	0.1028×10^{-8}

进一步结合模型的标准误来考察各县域自变量系数的显著性水平可以发现（见表 6-6）：*Dist*、*EconD* 和 *Popu* 三个自变量系数的 t 值明显偏小，没有通过显著性检验；而 *Urban*、*Indus* 和 *Publ* 三个自变量系数的 t 值较大，且均通过了 5%的显著性水平检验。由此可以判断得出，城镇化水平、产业结构高级化和公共服务供给能力是兰州—西宁地区县域经济差异的主要影响因素。

表 6-6　GWR 方法的标准误及各变量 t 值统计量

变量		最小值	中位数	最大值	标准差
标准误		0.7696×10^{-2}	2.1238×10^{-2}	2.2202×10^{-2}	0.2236×10^{-2}
t 值	常数项	9.8561	10.2190	28.2140	2.6411
	Dist	0.1835×10^{-2}	0.1903×10^{-2}	0.5251×10^{-2}	0.0491×10^{-2}
	EconD	0.2957×10^{-5}	0.3067×10^{-5}	0.8449×10^{-5}	0.0791×10^{-5}
	Urban	2.3274	2.4134	6.6538	0.6227
	Indus	4.9331	5.1158	14.1040	1.3199
	Publ	4.0705	4.2208	11.6562	1.0912
	Popu	0.0584×10^{-2}	0.0605×10^{-2}	0.1670×10^{-2}	0.0156×10^{-2}

基于上述分析，重点考察 *Urban*、*Indus* 和 *Publ* 三个自变量对兰州—西宁地区县域经济差异影响程度的空间异质性。

(1)城镇化水平的回归系数在 0.5118×10^{-1} ~ 0.5126×10^{-1}，均值为 0.5123×10^{-1}，变异系数为 0.3764‰；t 值在 2.3274 ~ 6.6538，均值为 2.5425。回归系数呈现出由西向东逐次提高的空间分布格局，表明相对于西部县域而言提高东部县域的城镇化水平将可以更好地促进县域经济发展，这主要是东部县域的人口规模相对较大，提高其城镇化水平能够更好地发挥其规模经济效应和集聚效应。

(2)产业结构高级化的回归系数在 0.1085 ~ 0.1087 变化，均值为 0.1086，变异系数为 0.368‰；t 值在 4.9331 ~ 14.104，均值为 5.3892。回归系数呈现出由西向东逐次提高的空间分布格局，表明推动东部县域的产业结构高级化更能促进县域经济发展，这主要是东部县域是该地区主要的农业大县，推动这些县域的产业结构优化以及三次产业的融合发展可以更好地提高资源再配置效率，进而推动县域经济发展。

(3)公共服务供给能力的回归系数在 0.8962×10^{-1} ~ 0.8977×10^{-1}，均值为 0.8969×10^{-1}，变异系数为 0.3701‰；t 值在 4.0705 ~ 11.6562，均值为 4.4513。回归系数呈现出由东向西逐渐提升的空间分布格局，即作用相对较强的县域主要分布在西部，表明西部县域的公共财政收入偏低，在提高地方一般公共预算收入的基础上，增强其公共服务供给能力可以更好地实现各类要素的集聚，进而推动县域经济更快发展。

6.4.2 考虑交互作用的空间差异

在规避局部多重共线性及考虑因子交互作用基础上，以 2020 年综合指数为因变量，以解释力居于前十位的交互因子作为自变量构建地理加权回归模型并采用逐步回归的方式确定合适模型①。经过估算，解释力居第 4

① 在模型中双因子的交互作用采用相应单因子的乘积来表示。

位（*Urban*∩*Popu*）、第 7 位（*Indus*∩*EconD*）和第 10 位（*EconD*∩*Alt*）的交互因子作为自变量进入模型后将产生严重的局部多重共线性问题，故将其余 7 个交互因子作为模型的自变量（见表 6-7）。模型结果显示：校正后的 R^2 值为 0.8842，条件数在 20~21，说明模型拟合优度较好且不存在局部多重共线性问题。

从自变量的估计系数来看：首先，除 *Urban*∩*Dist* 交互因子外，其余交互因子的回归系数均为正值；其次，*Indus*∩*Urban* 和 *Urban*∩*Publ* 两个交互因子的回归系数及其标准差相对较大，说明它们对兰州—西宁地区县域经济差异的影响较大，且影响程度具有一定的空间异质性。

表 6-7　考虑交互作用下基于 GWR 方法的各变量系数统计量

自变量	最小值	中位数	最大值	标准差
常数项	2.8184×10^{-1}	2.8187×10^{-1}	2.8189×10^{-1}	0.1832×10^{-4}
Indus∩*Urban*	1.2998×10^{-1}	1.3002×10^{-1}	1.3004×10^{-1}	0.1632×10^{-4}
Indus∩*Popu*	1.0344×10^{-5}	1.0351×10^{-5}	1.0354×10^{-5}	0.1987×10^{-8}
Urban∩*EconD*	6.1504×10^{-7}	6.1536×10^{-7}	6.1568×10^{-7}	0.1528×10^{-9}
Indus∩*Alt*	2.2309×10^{-6}	2.2412×10^{-6}	2.2474×10^{-6}	0.3818×10^{-8}
Indus∩*Dist*	2.5532×10^{-4}	2.5537×10^{-4}	2.5547×10^{-4}	0.3274×10^{-7}
Urban∩*Publ*	4.9846×10^{-2}	4.9868×10^{-2}	4.9911×10^{-2}	0.1337×10^{-4}
Urban∩*Dist*	-3.5918×10^{-4}	-3.5893×10^{-4}	-3.5880×10^{-4}	0.7945×10^{-7}

进一步结合模型的标准误来考察各县域自变量系数的显著性水平可以发现（见表 6-8）：常数项以及 *Indus*∩*Urban*、*Urban*∩*Publ* 两个交互因子系数的 t 值较大，且均通过了 5%的显著性水平检验，其余交互因子系数的 t 值偏小，没有通过显著性检验。由此可以判断得出，城镇化水平与产业结构高级化、公共服务供给能力的交互作用对兰州—西宁地区县域经济差异有着较为重要的影响。

表 6-8　考虑交互作用下 GWR 方法的标准误及各变量 t 值的统计量

自变量		最小值	中位数	最大值	标准差
标准误		0.0069	0.0212	0.022	0.0025
t 值	常数项	12.7089	13.3026	40.4186	4.0471
	$Indus \cap Urban$	5.8626	6.1364	18.6410	1.8664
	$Indus \cap Popu$	0.0467×10^{-2}	0.0488×10^{-2}	0.1484×10^{-2}	0.0149×10^{-2}
	$Urban \cap EconD$	0.2775×10^{-4}	0.2904×10^{-4}	0.8822×10^{-4}	0.0883×10^{-4}
	$Indus \cap Alt$	0.1011×10^{-3}	0.1058×10^{-3}	0.3208×10^{-3}	0.0321×10^{-3}
	$Indus \cap Dist$	0.0115	0.0121	0.0366	0.0037
	$Urban \cap Publ$	2.2487	2.3536	7.1521	0.7162
	$Urban \cap Dist$	−0.0514	−0.0169	−0.0162	0.0052

基于上述分析，重点考察 $Indus \cap Urban$、$Urban \cap Publ$ 两个交互因子对兰州—西宁地区县域经济差异影响程度的空间异质性。

（1）$Indus \cap Urban$ 的回归系数在 $1.2998\times10^{-1}\sim1.3004\times10^{-1}$，均值为 1.3002×10^{-1}，变异系数为 0.126‰；t 值在 5.8626～18.6410，均值为 6.5692。回归系数呈现出由西向东逐次提高的空间分布格局，表明相对于西部县域而言协同提高东部县域的城镇化水平与产业结构高级化水平，将可以更好地发挥其资源再配置效应，推动县域经济发展。

（2）$Urban \cap Publ$ 的回归系数在 $4.9846\times10^{-2}\sim4.9911\times10^{-2}$，均值为 4.9870×10^{-2}，变异系数为 0.268‰；t 在 2.2487～7.1521，均值为 2.5197。回归系数呈现出由东向西逐次提高的空间分布格局，表明协同提高西部县域的城镇化水平以及公共服务供给能力更能发挥要素的集聚效应，从而更好地促进县域经济发展。

本章小结

本章首先从理论逻辑和经验事实上分析地理、经济和社会等因素对兰州—西宁地区经济差异的可能影响，随后借助地理探测器和地理加权回归模型对各影响因素进行了定量识别，并且分析了单因子及因子交互作用的空间差异。

基于地理探测器的研究发现，海拔、与省会城市距离、土地经济密度、城镇化水平、产业结构变迁、公共服务供给能力及人口密度等因子均会影响兰州—西宁地区的县域经济差异。相对而言，经济维度的因子对该地区县域经济差异的解释力较强，海拔因子的解释力最低。考虑因子交互作用后，任意双因子的解释力均明显增强。

基于地理加权回归模型的结果发现，尽管各因子对兰州—西宁地区县域经济差异的影响均具有空间非平稳性，但城镇化水平与产业结构高级化、公共服务供给能力三个因子的影响程度相对更为显著。同时，城镇化水平与产业结构高级化的交互作用更能促进东部县域经济的发展，而城镇化水平与公共服务供给能力的交互作用更能促进西部县域经济的发展。

第 7 章

主要结论与政策启示

7.1 主要结论

以县域行政单元为空间研究尺度，借鉴区域经济差异理论、区际分工理论、区域合作理论、新古典增长理论等思想，在界定兰州—西宁地区空间范畴和分析其资源禀赋、人口和经济社会发展现状的基础上，综合应用数理统计分析、空间统计分析、空间回归模型、地理探测器和地理加权回归模型等研究方法从人均生产总值和综合指数两个方面对该地区经济差异的时空演变、经济收敛性及影响因素展开了实证研究，得出了如下主要结论：

(1)分析视角的选取与研究区域空间范围的界定。从区域利益出发，抓住政府主导经济发展这一特质，结合地方政府自下而上的发展需求和中央政府自上而下的政策供给分析经济区形成的主要机理，并将区域经济差异纳入区域经济关系的分析范畴。在此基础上，综合考虑甘青两省区域发展规划、国家战略安排等因素，分析了兰州—西宁经济区的培育发展情况，并应用泛克里金空间插值法较为合理地界定了兰州—西宁地区的空间范围。

(2)经济差异时间维度的演变特征。2000—2020 年兰州—西宁地区人均生产总值的绝对差异在波动中明显扩大，相对差异则呈现出缩小的态势。研究期内，人均生产总值的绝对差异增长了 2.83 倍，而衡量相对差异的极差值率和基尼系数分别下降了 36.97% 和 16.24%。基于规模、结构、绩效三维度构建的综合指数显示，2010—2020 年兰州—西宁地区的绝对经济差异和相对经济差异均在波动中呈现出上升趋势。研究期内，综合指数的极差值上升了 51.49%，极差值率和基尼系数则分别提高了 19.36%和 34.85%。从经济差异来源来看，无论是人均生产总值还是综合指数衡量的经济差异主要是由两省内部的县际差异和县域不同行政属性分组的组间差异造成的。

（3）经济差异空间维度的演变特征。2000—2020 年县域人均生产总值空间分布在南北方向上呈现倒 U 型特征，东西方向上较为平坦但大致有倒 U 型格局的雏形；标准差椭圆重心总体上移向西北方向，但椭圆扁率在波动中有所增大，表明研究期内人均生产总值空间分布的方向性特征愈加明显。2010—2020 年县域综合指数的空间分布在南北方向上始终呈现出较为显著的倒 U 型特征，东西方向上倒 U 型特征亦较为明显；标准差椭圆重心总体移向东南方向，椭圆扁率在波动中略有缩小，表明研究期内综合指数空间分布的方向性特征有所减弱。

（4）经济收敛性检验。2000—2020 年兰州—西宁地区人均生产总值的标准差在波动中下降了 10.64%，意味着存在 σ 收敛；基于空间回归模型的研究发现，人均生产总值也存在绝对 β 收敛和条件 β 收敛，收敛速度分别为 2.107%和 1.92%。2010—2020 年兰州—西宁地区综合指数的标准差在波动中上升了 33.2%，意味着不存在 σ 收敛；基于空间回归模型的研究发现，综合指数虽然不存在绝对 β 收敛，但却存在条件 β 收敛，每年的收敛速度约为 5.574%。基于马尔科夫链的研究发现，人均生产总值和综合指数在研究期内均存在俱乐部收敛特征，且空间因素对俱乐部收敛产生重要影响。

（5）经济差异驱动因素的识别。基于地理探测器分析发现，海拔、与省会城市距离、产业结构高级化、人口城镇化水平、土地经济密度、公共服务供给能力和人口密度均是兰州—西宁地区经济差异的影响因素。当以人均生产总值为因变量时，城镇化水平、产业结构高级化、公共服务供给能力和土地经济密度对该地区经济差异的解释力较强；当以综合指数为因变量时，除海拔因子外，其余影响因子的 q 统计量值均大于 0.5，且有增强的趋势。考虑因子的交互作用后，无论是以人均生产总值还是以综合指数为因变量，任意双因子的解释力均有不同程度的提高。基于地理加权回归模型的分析结果发现，尽管各因子对兰州—西宁地区县域经济差异的影响均具有空间非平稳性，但城镇化水平、产业结构高级化和公共服务供给能力三个因子的影响程度相对更为显著。同时，城镇化水平与产业结构高级化的交互作用更能促进东部县域经济的发展，而城镇化水平与公共服务供给能力的交互作用更能促进西部县域经济的发展。

7.2　政策启示

7.2.1　在集聚中逐渐走向均衡

第一，通过集聚提高综合经济实力。基于人均生产总值和综合指数的标准差椭圆可以发现，兰州—西宁地区主要经济活动的空间分布与兰州、西宁之间的交通线走向基本一致。基于经济联系度的可视化分析也发现，经济联系强度较高的县域主要分布在两大城市的周边地区及中间地带。因此，在当前经济总量偏小、城市竞争力偏弱等约束条件下，应优先支持兰州市和西宁市及两市连接地带的发展，鼓励要素和经济活动向这些地区适度集中，在推动兰州市向西拓展、西宁市向东发展的基础上，通过完善交通网络推进两大城市及中间地带的空间融合，从而在集聚机制的作用下提高区域经济综合实力和增强城市竞争力。当然，集聚经济效应的产生需要以要素自由流动为前提，因此该地区各级政府不仅应破除限制要素流动的各种障碍，而且应出台措施降低要素流动的成本，提高资源配置效率。比如，兰州和西宁之间可以实行列车与高速公路的月票、季票制度，节约要素流动的成本。

第二，设立区域共同发展基金。在获取集聚经济效应的过程中，为促进区域均衡发展并克服发展不平衡导致的合作不稳定，兰州—西宁地区应当制定旨在减少各县域之间发展不平衡的政策，设立区域共同发展基金，资助落后县域在基础设施、生产性投资及创造就业等方面的投入，支持当地中小企业发展，提高其自我发展能力，使得所有县域单元的居民都能够享有大致相当的生活水平和均等化的公共服务。

7.2.2 依托城市群建设完善城镇体系

目前，国家已经在兰州—西宁地区规划建设城市群，这为该地区依托城市群构建大中小城市和小城镇协调发展的新格局创造了条件。

第一，提升中心城市能级。兰州市和西宁市虽然是兰州—西宁地区的中心城市，但却存在着规模偏小、竞争力偏弱等问题，也出现了城市空间不够合理、交通较为拥堵等“城市病”。因此，应以两市城区发展为重点，在提高城市宜居度的基础上，推动人口、产业等要素合理集聚并促进产业结构优化升级，适度壮大城市规模，支持兰州市成长为Ⅰ型大城市，巩固西宁市Ⅱ型大城市地位。同时，以1小时高速公路通勤圈为基础培育发展“兰州—白银”和“西宁—海东”两大都市圈，充分发挥它们在城市群形成过程中的主导与引领作用。

第二，完善中小城市功能。在城市群的形成过程中，随着中心城市能力的提升，中小城市可以结合自身资源优势和原有产业发展基础，吸引并接纳中心城市的产业转移，从而提升城市的产业功能和人口集聚度。目前，兰州—西宁地区仅有5个中小城市，除临夏市外的其余中小城市不仅城镇化水平偏低，而且产业发展不充分的问题较为突出。这些中小城市应立足自身区位条件及资源优势，基于全产业链发展的需要，吸引兰州市和西宁市等区域中心城市及其他大城市的产业转移，在完善城市产业功能的基础上吸引所辖地区农村居民就地城镇化，实现人口集聚，进而推进城市群形成更加合理的城镇体系，提高城市群的分工协作效率。

第三，提高县城及小城镇综合承载能力。首先，依托即将建成或规划建设的中卫—兰州高速铁路以及兰州—合作铁路、西宁—成都铁路有效提高兰州—西宁地区的铁路密度，扩大铁路覆盖区域，特别是将临夏市、同仁市以及东乡县、化隆县、尖扎县等纳入铁路网。与此同时，需要考虑将目前尚未完全融入区域高速公路网的县域纳入项目建设库，并尽量使得中心城市与县域之间以及县域与县域之间的高速公路互联互通。织密交通网络可以改善这些县城及沿线小城镇的区位条件，强化它们与邻近中心城市的经济联系，为当地特色优势产业的培育发展创造条件。其次，在国家和省级财政的支持下，通过完善市政交通设施、改造老化管网和老旧小区、建设新型数字化基础设施夯实各县城和小城镇运行的基础；同时，扩大医疗卫生、教育资源、养老托育、文化体育以及社会福利等公共服务的有效供给，提高各县城和小城镇的综合承载能力，为产业发展和人口集聚奠定基础。

7.2.3　夯实跨界合作的制度基石

第一，构建跨界合作的管理体制。在推动要素资源自由流动、产业发展、城镇布局优化以及跨界交通基础设施建设方面，需要政府主动作为，破除各种体制机制障碍，建立跨界治理的管理体制。甘肃、青海两省应就兰州—西宁地区的建设目标、路径等达成共识，成立具有一定资源配置能力和权力的专门领导小组，各级行政单元向该领导机构让渡部分权力，形成一个跨行政区划的权力组合，从而避免因权力分散而产生的“软约束”问题；同时，该领导机构应定期讨论和协商经济区建设的相关问题并做出相应的工作安排。

第二，建立经济协调发展机制。兰州—西宁地区各县域单元发展差异明显，在经济发展过程中的需求偏好呈现出异质性特点，进而产生不同的利益诉求，需要各级政府协商建立合作共赢的激励机制。基于两省以及各市州经济发展现状，可考虑由国家、省、市三级共同投入成立兰州—西宁地区公共财政委员会以及建立公共财政储备制度，用公共财政引导经济区建设；同时，建立由各市(州)、县共同出资的区域合作发展基金，支持区域经济和产业协同发展，并分享区域合作的收益。

第三，设置特别合作区，引领跨界合作。可将地理上邻近又处于兰州、西宁中间地带的民和县与红古区整合成特别合作区，逐步将其打造成为跨界合作的典范并发挥其示范引领作用。

7.3 研究展望

区域经济差异的大小及变动趋势与研究所采取的空间尺度密切相关，本书从县域尺度出发，初步构建了兰州—西宁地区经济社会发展的数据库并以此为基础开展了实证研究。然而，由于受到各种因素的影响，数据库尚不能完全满足研究的需要。事实上，部分县域出于某些考虑并不愿意公开发布相关指标的数据，还有部分县域对某些经济活动并未进行相应的统计调查，缺少统计数据。当然，也有部分指标的统计口径变化相对较为频繁，不利于数据的比较分析。随着统计体系及方法的逐渐完善，可以进一步充实数据库内容进而为深入分析该地区经济活动时空演变的影响机制提供更坚实的基础。

无论是兰州—西宁地区的协作发展还是兰州—西宁城市群的培育建设，目前均处于起步阶段，其协作绩效或者建设成效尚未得到充分显现。随着开发建设的深入推进，其合作绩效或建设成效的评估应成为未来研究的重点内容，为我国跨界经济区治理提供参考和借鉴。

参考文献

[1]郭克莎．中国经济进入新常态的理论依据——中国特色社会主义政治经济学的分析视角[J]．经济研究，2016(9)：4-16.

[2]习近平．谋求持久发展，共筑亚太梦想——在亚太经合组织工商领导人峰会开幕式上的演讲[N]．人民日报，2014-11-10.

[3]习近平．推动形成优势互补高质量发展的区域经济布局[J]．求是，2019(24)：4-9.

[4]盛垒，权衡．区域经济分化态势与经济新常态地理格局[J]．复旦学报(社会科学版)，2018(3)：135-145.

[5]唐皇凤．社会主要矛盾转化与新时代我国国家治理现代化的战略选择[J]．新疆师范大学学报(哲学社会科学版)，2018，39(4)：2+7-17.

[6]张可云，王洋志，孙鹏，等．西部地区南北经济分化的演化过程、成因与影响因素[J]．经济学家，2021(3)：52-62.

[7]胡焕庸．中国人口之分布——附统计表与密度图[J]．地理学报，1935，2(1)：33-74.

[8] William J Baumol. Productivity Growth, Convergence, and Welfare: What the Long-Run Data Show[J]. The American Economic Review, 1986, 76(5): 1072-1085.

[9] Robert J Barro, Xavier Sala-i-Martin. Convergence across States and Regions[J]. Brookings Papers on Economic Activity, Economic Studies Program, The Brookings Institution, 1991, 22(1): 107-182.

[10] Robert J Barro, Xavier Sala-i-Martin. Convergence[J]. Journal of Political Economic, 1992, 100(2): 223-251.

[11] Xavier Sala-i-Martin. The Classical Approach to Convergence Analysis [J]. The Economic Journal, 1996, 106(437): 1019-1036.

[12] Dilling-Hansen M, Petersen K R, Smith V. Growth and Convergence in Danish Income[J]. Scandinavian Economic History Review, 1994, 42(1): 54-76.

[13] Serge Coulombe, Frank C Lee. Convergence across Canadian Provinces, 1961 to 1991[J]. Canadian Journal of Economics, 1995, 28(4a): 886-898.

[14] Duede E, Zhorin V. Convergence of Economic Growth and the Great Recession as Seen from a Celestial Observatory[J]. EPJ Data Science, 2016, 5 (1): 29-48.

[15] Wira Yasari. Convergence Analysis of Economic Growth in South Kalimantan Province 2011-2019[J]. JEJAK, 2021, 14(2): 304-315.

[16] Miwa Norihiro, Bhatt Ayushman, Kato Hironori. High-Speed Rail Development and Regional Inequalities: Evidence from Japan[J]. Transportation Research Record, 2022, 2676(7): 363-378.

[17] Dan Ben-David. Convergence Clubs and Subsistence Economies[J]. Journal of Development Economics, 1998, 55(1): 155-171.

[18] Jackson G, et al. Regional Diversity: Growth in the United States, 1960-1990[M]. Boston: Auburn House Publishing Company, 1981.

[19] Orley M Amos. Unbalanced Regional Growth and Regional Income Inequality in the Latter Stages of Development[J]. Regional Science and Urban Economics, 1988, 18(4): 549-566.

[20] Bernat G A. Convergence in State Per Capital Personal Income 1950-1999[J]. Survey of Current Business, 2001, 81 (6): 36-53.

[21] Tomohito Okabe, Timothy Kam. Regional Economic Growth Disparities:

A Political Economy Perspective [J]. European Journal of Political Economy, 2017, 46(1): 26-39.

[22] Sjoerd Beugelsdijk, Mariko J Klasing, Petros Milionis. Regional Economic Development in Europe: The Role of Total Factor Productivity [J]. Regional Studies, 2018, 52(4): 461-476.

[23] Kataoka M. Inequality Convergence in Inefficiency and Interprovincial Income Inequality in Indonesia for 1990 - 2010 [J]. Asia - Pacific Journal of Regional Science, 2018, 2(2): 297-313.

[24] Nandan A, Mallick H. Do Growth-Promoting Factors Induce Income Inequality in a Transitioning Large Developing Economy? An Empirical Evidence from Indian States [J]. Economic Change and Restructuring, 2022, 55(2): 1109-1139.

[25] Mankiw N G, Romer D, Weil D. A Contribution to the Empirics of Economic Growth [J]. Quarterly Journal of Economics, 1992, 107(5): 407-437.

[26] Davidescu A A M, Begu L S, Apostu S A. Could FDI Inflows Be Considered a Driver of the Romanian Economic Convergence to European Union Average? A Granger Causality Analysis [J]. Economic Computation and Economic Cybernetics Studies and Research, 2018, 52(2): 107-124.

[27] Mohamed Ali Labidi. Development Policy and Regional Economic Convergence: The Case of Tunisia [J]. Regional Science Policy & Practice, 2019 (11): 583-595.

[28] Carrington S J, Jiménez-Ayora P. Shedding Light on the Convergence Debate: Using Luminosity Data to Investigate Economic Convergence in Ecuador [J]. Review of Development Economics, 2021, 25(1): 200-227.

[29] Paolo Postiglione, Alfredo Cartone, Domenica Panzera. Economic Convergence in EU NUTS 3 Regions: A Spatial Econometric Perspective [J].

Sustainability，2020，12(17)：6717.

[30] Alfredo - Cartone，Paolo Postiglione，Geoffrey J D. Hewings. Does Economic Convergence Hold? A Spatial Quantile Analysis on European Regions [J]. Economic Modelling，2021(95)：408-417.

[31]韦伟．如何正确看待中国的地区差异问题[J]．教学与研究，1995(1)：47+54-57.

[32]中共中央研究室编．建国以来重要文献选编(第 6 册)[M]．北京：中央文献出版社，1993.

[33]杨开忠．中国区域经济差异变动研究[J]．经济研究，1994(12)：12+28-33.

[34]徐建华，鲁凤，苏方林，卢艳．中国区域经济差异的时空尺度分析[J]．地理研究，2005(1)：57-69.

[35]刘树成，张晓晶．中国经济持续高增长的特点和地区间经济差异的缩小[J]．经济研究，2007，42(10)：17-31.

[36]冯长春，曾赞荣，崔娜娜．2000 年以来中国区域经济差异的时空演变[J]．地理研究，2015，34(2)：234-246.

[37]贺灿飞，梁进社．中国区域经济差异的时空变化：市场化、全球化与城市化[J]．管理世界，2004(8)：8-17+155.

[38]张毅．中国县域经济差异变化分析[J]．中国农村经济，2010(11)：15-25.

[39]陈培阳，朱喜钢．基于不同尺度的中国区域经济差异[J]．地理学报，2012，67(8)：1085-1097.

[40]孙久文，姚鹏．基于空间异质性视角下的中国区域经济差异研究[J]．上海经济研究，2014 (5)：83-92.

[41]丁志伟，张改素，王发曾．郑州都市区镇域经济差异的空间分析[J]．经济地理，2013，33(7)：29-35.

[42]李国平，范红忠．生产集中、人口分布与地区经济差异[J]．经

济研究，2003(11)：79-86+93.

[43]陈良文，杨开忠．我国区域经济差异变动的原因：一个要素流动和集聚经济的视角[J]．当代经济科学，2007(3)：35-42+124.

[44]姚先国，张海峰．教育、人力资本与地区经济差异[J]．经济研究，2008(5)：47-57.

[45]田伟，田红云．晋升博弈、地方官员行为与中国区域经济差异[J]．南开经济研究，2009 (1)：133-152.

[46]任保平，张倩．GDP 含金量、省域政府财富创造能力与区域经济差异[J]．东南学术，2021(1)：148-158+248.

[47]吕承超，索琪，杨欢．"南北"还是"东西"地区经济差距大？——中国地区经济差距及其影响因素的比较研究[J]．数量经济技术经济研究，2021，38(9)：80-97.

[48]盛来运，郑鑫，周平，等．我国经济发展南北差距扩大的原因分析[J]．管理世界，2018，34(9)：16-24.

[49]杜宇，吴传清．中国南北经济差距扩大：现象、成因与对策[J]．安徽大学学报(哲学社会科学版)，2020，44(1)：148-156.

[50]杨明洪，巨栋，涂开均．"南北差距"：中国区域发展格局演化的事实、成因与政策响应[J]．经济理论与经济管理，2021，41(4)：97-112.

[51]安虎森，周江涛．影响我国南北经济差距的主要因素分析[J]．经济纵横，2021(7)：28-38.

[52]魏后凯．中国地区经济增长及其收敛性[J]．中国工业经济，1997(3)：31-37.

[53]刘强．中国经济增长的收敛性分析[J]．经济研究，2001(6)：70-77.

[54]沈坤荣，马俊．中国经济增长的"俱乐部收敛"特征及其成因研究[J]．经济研究，2002(1)：33-39+94-95.

[55]王志刚．质疑中国经济增长的条件收敛性[J]．管理世界，2004(3)：25-30.

[56]刘生龙，王亚华，胡鞍钢．西部大开发成效与中国区域经济收敛[J]．经济研究，2009，44(9)：94-105.

[57]董雪兵，池若楠．中国区域经济差异与收敛的时空演进特征[J]．经济地理，2020，40(10)：11-21.

[58]刘夏明，魏英琪，李国平．收敛还是发散？——中国区域经济发展争论的文献综述[J]．经济研究，2004(7)：70-81.

[59]周亚虹，朱保华，刘俐含．中国经济收敛速度的估计[J]．经济研究，2009，44(6)：40-51.

[60]朱国忠，乔坤元，虞吉海．中国各省经济增长是否收敛？[J]．经济学(季刊)，2014，13(3)：1171-1194.

[61]朱建平，陈宇晟，梁振杰．中国区域经济周期收敛特征研究[J]．数理统计与管理，2021，40(5)：859-873.

[62]林光平，龙志和，吴梅．中国地区经济 σ 收敛的空间计量实证分析[J]．数量经济技术经济研究，2006(4)：14-21+69.

[63]潘文卿．中国区域经济差异与收敛[J]．中国社会科学，2010(1)：72-84+222-223.

[64]洪国志，胡华颖，李郇．中国区域经济发展收敛的空间计量分析[J]．地理学报，2010，65(12)：1548-1558.

[65]何雄浪，郑长德，杨霞．空间相关性与我国区域经济增长动态收敛的理论与实证分析——基于1953—2010年面板数据的经验证据[J]．财经研究，2013，39(7)：82-95.

[66]高新才，殷颂葵．兰州西宁城市群经济效率测度[J]．城市问题，2018(5)：46-52.

[67]丁生喜，甘佩娟，霍海勇．西部区域经济合作问题研究——以兰州、西宁、银川地区为例[J]．开发研究，2012(1)：4-8.

[68]薛成有．新一轮西部大开发中的民生保障法律研究——以青海东部城市群建设为例[J]．青海社会科学，2011(6)：90-95+125.

[69]李勇．加快青海东部城市群发展的理论与实践探析[J]．青海社会科学，2013(6)：128-132.

[70]黄永斌，白永平．兰州—西宁城市区域人口密度梯度变化及内在机理研究[J]．西北人口，2011，32(6)：36-40.

[71]贾卓，陈兴鹏，李晨曦，马振邦．兰州—西宁城市群人口集聚格局及影响因素[J]．兰州大学学报(自然科学版)，2019，55(4)：436-442.

[72]罗君，石培基，张学斌．黄河上游兰西城市群人口时空特征多维透视[J]．资源科学，2020，42(3)：474-485.

[73]罗君，石培基，张学斌．基于乡镇尺度的兰西城市群人口分布特征及其影响因素[J]．干旱区资源与环境，2020，34(7)：104-111.

[74]张志斌，张新红．兰州—西宁城市整合与协调发展[J]．经济地理，2006(1)：96-99.

[75]焦世泰，石培基，王世金．兰州—西宁城市区域空间整合战略构想[J]．地域研究与开发，2008(2)：43-46.

[76]刘春艳，白永平．兰州—西宁城市区域空间结构优化重构研究[J]．干旱区资源与环境，2008(4)：22-27.

[77]李再艳，石培基．兰州—西宁城市群城乡建设用地开发强度空间格局变化及影响因素分析[J]．生态与农村环境学报，2020，36(4)：450-458.

[78]程钦良，张亚凡，宋彦玲．兰西城市群空间结构演变及优化研究[J]．地域研究与开发，2020，39(2)：52-57.

[79]贾卓，陈兴鹏．中国西部兰州—西宁城市群县域经济集聚格局与空间溢出研究[J]．兰州大学学报(社会科学版)，2019，47(2)：144-151.

[80]贾卓，赵锦瑶，娜赫雅，等．兰州—西宁城市群工业集聚格局及其影响因素空间溢出[J]．兰州大学学报(自然科学版)，2022，58(2)：

143-150+156.

[81]贾卓，强文丽，王月菊，等．兰州—西宁城市群工业污染集聚格局及其空间效应[J]．经济地理，2020，40(1)：68-75+84.

[82]张文斌，张志斌，周翼，等．基于夜间灯光数据的兰西城市群时空演变特征[J]．遥感信息，2020，35(6)：38-43.

[83]刘红，段汉明．兰州—西宁城镇密集区城镇体系结构研究[J]．陕西师范大学学报(自然科学版)，2009，37(S1)：90-92.

[84]朱兵，张小雷，雷军，等．西部欠发达地区城镇体系分形研究——以兰州—西宁城镇密集区为例[J]．干旱区研究，2010，27(3)：458-466.

[85]马国强，汪慧玲．共生理论视角下兰西城市群旅游产业的协同发展[J]．城市问题，2018(4)：65-71.

[86]任红霞．基于DEA模型的农业生态效率综合测度[J]．统计与决策，2019，35(6)：99-103.

[87]白永平，吴常艳，陈博文．基于陆路交通网的空间通达性分析——以兰州—西宁城市区域为例[J]．山地学报，2013，31(2)：129-139.

[88]高玉祥，韩峰，段晓峰．“一带一路”节点城市群轨道交通空间布局分析——以兰州—西宁城市群为例[J]．测绘通报，2018(12)：114-118.

[89]于建峰，曾俊伟，钱勇生，等．不同交通方式对兰西城市群空间分布影响研究[J]．铁道运输与经济，2019，41(10)：7-13+40.

[90]王艳茹，贾卓，谷人旭．基于通达性的兰州—西宁城市群经济联系时空演变分析[J]．兰州大学学报(自然科学版)，2020，56(1)：71-80.

[91]刘辉．城镇群城镇化空间格局、环境效应及优化[M]．北京：中国建筑工业出版社，2017.

[92]张韦萍，石培基，赵武生，等．西北区域城镇化与资源环境承载力协调发展的时空特征——以兰西城市群为例[J]．生态学杂志，2020，39

(7)：2337-2347.

[93]张志斌，李书娟，何伟，等．基于ESDA的兰州—西宁城镇密集区经济空间差异分析[J]．干旱区地理，2011，34(5)：809-819.

[94]白永平，张宇硕，李慧．兰州—西宁城镇密集区县域经济发展水平的时空差异[J]．干旱区地理，2011，34(6)：1009-1016.

[95]张宇硕，白永平，李慧．兰州—西宁城镇密集区县域经济差异的空间格局演化分析[J]．经济地理，2011，31(2)：183-188.

[96]李丁，冶小梅，汪胜兰，等．基于ESDA-GIS的县域经济空间差异演化及驱动力分析——以兰州—西宁城镇密集区为例[J]．经济地理，2013，33(5)：23+31-36.

[97]马志超，贾丰源，白宇航，等．兰州—西宁城市群绿色经济效率测度及影响因素研究——基于超效率SBM-ML和Tobit模型的分析[J]．地域研究与开发，2022，41(4)：89-93.

[98]张志斌，刘向来．兰州—西宁城镇密集区经济增长空间收敛性研究[J]．地域研究与开发，2013，32(1)：18-23.

[99]贾卓，赵锦瑶，杨永春，等，黄河流域兰西城市群环境规制效率的空间格局及其空间收敛性[J]．地理科学，2022，42(4)：568-578.

[100]龚刚．宏观经济学：中国视角(第三版)[M]．北京：北京大学出版社，2022.

[101]高鸿业．西方经济学(第四版)[M]．北京：中国人民大学出版社，2007.

[102]韩立岩，赵尚梅．宏观经济学十二讲：中国情景[M]．北京：北京大学出版社，2022.

[103]张晓峒．应用数量经济学[M]．北京：机械工业出版社，2009.

[104]卢艳，徐建华．中国区域经济发展差异的实证研究与R/S分析[J]．地域研究与开发，2002(7)：60-66.

[105]罗浩．地区差距变动的理论分析及中国的实证研究[J]．地理学

与国土研究，2001(1)：20-24.

[106]许月卿，贾秀丽．近20年来中国区域经济发展差异的测定与评价[J]．经济地理，2005，23(5)：600-603+628.

[107]《现代汉语辞海》编委会．现代汉语辞海[M]．北京：光明日报出版社，2022.

[108]魏后凯．现代区域经济学(修订版)[M]．北京：经济管理出版社，2011.

[109]Robert M Solow. A Contribution to the Theory of Economic Growth [J]. The Quarterly Journal of Economics，1956，70(1)：65-94.

[110]T W Swan. Economic Growth and Capital Accumulation[J]. Economic Record，1956，32(2)：334-361.

[111] Perroux Francois. Economic Space：Theory and Application [J]. Quarterly Journal of Economics，1950，64(1)：89-104.

[112]安虎森．区域经济学通论[M]．北京：经济科学出版社，2004.

[113]殷存毅．区域发展与政策[M]．北京：社会科学文献出版社，2011.

[114][美]艾伯特·赫希曼．经济发展战略[M]．潘照东，曹征海，译．北京：经济科学出版社，1991.

[115]Friedman J R. Regional Development Policy：A Case Study of Venezuela [M]. Cambridge：MIT Press，1966.

[116]Allyn Young. Increasing Returns and Economic Progress[C]. Presidential Address before Section F (Economic Science and Statistics) of the British Association for the Advancement of Science，Glasgow，September 10，1928.

[117]Myrdal G. Economic Theory and Underdeveloped Regions[M]. London：Duckworth Press，1957.

[118]Nicholas Kaldor. The Case for Regional Policies[J]. Scottish Journal of Political Economy，1970(17)：337-348.

[119]Kuznets S. Economic Growth and Income Inequality[J]. The American

Economic Review, 1955, 45(1): 1-28.

[120]Kuznets S. Quantitative Aspects of the Economic Growth of Nations: VIII. Distribution of Income by Size [J]. Economic Development & Cultural Change, 1963, 11(2): 1-80.

[121]Williamson J. Regional Inequality and the Process of National Development: A Description of the Patterns[J]. Economic Development & Cultural Change, 1965, 13(S4): 1-84.

[122][日]速水佑次郎．发展经济学——从贫困到富裕[M]. 李周，译．北京：社会科学文献出版社，2003.

[123]李小建．经济地理学(第三版)[M]. 北京：高等教育出版社，2018.

[124][美]埃德加·M. 胡佛．区域经济学导论[M]. 王翼龙，译．北京：商务印书馆，1990.

[125][英]大卫·李嘉图．政治经济学及赋税原理[M]. 郭大力，王亚南，译．北京：商务印书馆，1962.

[126]张维迎．博弈与社会讲义[M]. 北京：北京大学出版社，2014.

[127][美]道格拉斯·C. 诺斯．制度、制度变迁与经济绩效[M]. 杭行，译．韦森，译审．上海：格致出版社，上海三联书店，上海人民出版社，2008.

[128]N Schofield. Anarchy, Altruism and Cooperation: A Review[J]. Social Choice and Welfare, 1990(12) : 207-219.

[129][美]曼瑟尔·奥尔森．集体行动的逻辑[M]. 陈郁，等译．上海：格致出版社，上海三联书店，上海人民出版社，2014.

[130]卢现祥，朱玲玲．新制度经济学(第三版)[M]. 北京：北京大学出版社，2021.

[131]张可云．区域大战与区域经济关系[M]. 北京：民主与建设出版社，2001.

[132][美]阿兰·斯密德．制度与行为经济学[M]．刘璨，等，译．北京：中国人民大学出版社，2009.

[133][美]罗伯特·J. 巴罗．经济增长的决定因素：跨国经验研究[M]．李剑，译．北京：中国人民大学出版社，2004.

[134]蔡昉．制度、趋同与人文发展——区域发展和西部开发战略的思考[M]．北京：中国人民大学出版社，2002.

[135] Baumol W J. Productivity Growth，Convergence，and Welfare：What the Long - run Data Show [J]. The American Economic Review，1985 (76)：1072-1085.

[136]李京文．中国区域经济教程[M]．南宁：广西人民出版社，2000.

[137]汪一鸣，杨汝万，吴永辉．兰州—西宁—银川城市带与西部开发[J]．地理学报，2004(2)：213-222.

[138]聂华林，杨敬宇．兰州—西宁—银川经济区建设战略构想[J]．西安财经学院学报，2010，23(3)：5-10.

[139]昝国江，安树伟．兰西格经济区划研究[J]．经济问题探索，2011(12)：41-45.

[140]安树伟，田晓婷．兰西格经济区的发展基础与功能定位研究[J]．甘肃社会科学，2011(2)：205-208.

[141]安树伟，张贡生，吉新峰，等．兰西格经济区发展规划研究[J]．兰州商学院学报，2011，27(4)：1-6+18.

[142]张志斌，赵睿琪．兰州—西宁城镇密集区经济联系的空间分析[J]．干旱区地理，2009，32(3)：462-470.

[143]汤国安，杨昕，等．ArcGIS 地理信息系统空间分析实验教程(第二版)[M]．北京：科学出版社，2012.

[144]曾冰．区域经济分析方法与 ArcGIS 软件应用[M]．南昌：江西人民出版社，2018.

[145][美]H. 钱纳里，M. 塞尔奎因，等．工业化和经济增长的比较

研究[M]. 吴奇，等译. 上海：上海三联出版社，1989.

[146]甘肃省地方史志编纂委员会. 甘肃省志：建制志(春秋时期—2008)[M]. 兰州：甘肃人民出版社，2017.

[147]青海省地方志编纂委员会. 青海省志：建置沿革志[M]. 西宁：青海人民出版社，2001.

[148]许学强，周一星，宁越敏. 城市地理学(第二版)[M]. 北京：高等教育出版社，2009.

[149]刘振灵. 资源基础型城市群城镇体系规模结构的时空演变研究[J]. 资源科学，2011，33(6)：1118-1125.

[150]倪鹏飞，徐海东，等. 中国城市竞争力报告 No. 19 超大、特大城市：健康基准与理想标杆[M]. 北京：中国社会科学出版社，2022.

[151]李强谊，钟水映. 中国旅游产业专业化发展水平的空间非均衡及其演变——基于 Dagum 基尼系数与 Markow 链估计方法的实证研究[J]. 经济地理，2016(12)：197-203.

[152]杨明海，张红霞，孙亚男. 七大城市群创新能力的区域差距及其分布动态演进[J]. 数量经济技术经济研究，2017(3)：21-39.

[153]赵磊，方成. 中国省际新型城镇化发展水平地区差异及驱动机制[J]. 数量经济技术经济研究，2019(5)：44-64.

[154]陈明华，刘玉鑫，刘文斐，等. 中国城市民生发展的区域差异测度、来源分解与形成机理[J]. 统计研究，2020(5)：54-67.

[155]Dagum C. A New Approach to the Decomposition of the Gini Income Inequality Ratio[J]. Empirical Economics，1997，22(4)：515-531.

[156]周杜辉，李同昇，哈斯巴根，等. 陕西省县域综合发展水平空间分异及机理[J]. 地理科学进展，2011，30(2)：205-214.

[157]潘竟虎. 中国地级及以上城市城乡收入差距时空分异格局[J]. 经济地理，2014，34(6)：60-67.

[158][美]费景汉，古斯塔夫·拉尼斯. 增长和发展：演进观点[M].

洪银兴，译．北京：商务印书馆，2004.

[159]徐康宁，陈丰龙，刘修岩．中国经济增长的真实性：基于全球夜间灯光数据的检验[J]．经济研究，2015(9)：17-29+57.

[160]曾冰，谢琦．基于夜间灯光数据的黄河流域经济发展空间特征与影响机制分析[J]．中国沙漠，2022，42(3)：41-50.

[161]Xi Chen，Willian D Nordhaus. Using Luminosity Data as a Proxy for Economic Statistics[J]. Proceedings of National Academy of Science，2011，108(21)：8589-8594.

[162]J Vernon Henderson，Adam Storeygard，David N Weil. Measuring Economic Growth from Outer Space[J]. American Economic Review，2012，102(2)：994-1028.

[163]郭永德，高金环，马洪兵．Suomi-NPP 夜间灯光数据与 GDP 的空间关系分析[J]．清华大学学报(自然科学版)，2016，56(10)：1122-1130.

[164]王琪，袁涛，郑新奇．基于夜间灯光数据的中国省域 GDP 总量分析[J]．城市发展研究，2013，20(7)：44-48.

[165]成刚．数据包络分析方法与 MaxDEA 软件[M]．北京：知识产权出版社，2014.

[166]Chen J，Gao M，Cheng S. et al. County-level CO_2 emissions and sequestration in China during 1997-2017[J]. Sci Data 7，391(2020). https：//doi. org/10. 1038/s41597-020-00736-3.

[167]董鹤松，李仁杰，李建明，李帅．基于 DMSP-OLS 与 NPP-VIIRS 整合数据的中国三大城市群城市空间扩展时空格局[J]．地理信息科学学报，2020，22(5)：1161-1174.

[168]许正森，徐永明．整合 DMSP/OLS 和 NPP/VIIRS 夜间灯光遥感数据的长江三角洲城市格局时空演化研究[J]．地理信息科学学报，2021，23(5)：837-849.

[169]徐志向，丁任重．新时代中国省际经济发展质量的测度、预判

与路径选择[J]. 政治经济学评论，2019，10(1)：172-194.

[170]陶长琪，陈文华，林龙辉．我国产业组织演变协同度的实证分析——以企业融合背景下的我国IT产业为例[J]. 管理世界，2007(12)：67-72.

[171]吴忠，关娇，何江．最低工资标准测算实证研究——基于CRIT-IC-熵权法客观赋权的动态组合测算[J]. 当代经济科学，2019，41(3)：103-117.

[172]李荣杰，张月明，李娜，阎晓．中国省域双循环新发展格局绩效测度及其空间收敛性分析[J]. 统计与信息论坛，2022，37(5)：36-51.

[173]王军，朱杰，罗茜．中国数字经济发展水平及演变测度[J]. 数量经济技术经济研究，2021，38(7)：26-42.

[174]曹贤忠，曾刚．基于熵权TOPSIS法的经济技术开发区产业转型升级模式选择研究——以芜湖市为例[J]. 经济地理，2014，34(4)：13-18.

[175]宁连举，肖玉贤，刘经涛，等．跨行政区域创新策源能力评价与实证——基于熵权法、TOPSIS法、灰色关联分析[J]. 科技管理研究，2021(20)：44-51.

[176]蒲英霞，马荣华，葛莹，黄杏元．基于空间马尔科夫链的江苏区域趋同时空演变[J]. 地理学报，2005(5)：817-826.

[177]Rey S，Montouri B. US Regional Income Convergence：A Spatial Econometric Perspective[J]. Regional Studies，1999 (33)：143-156.

[178]陈安宁．空间计量学入门与GeoDa软件应用[M]. 杭州：浙江大学出版社，2014.

[179]Islam，Nazrul. Growth Empirics：A Panel Data Approach[J]. Quarterly Journal of Economics，1995，110(4)：1127-1170.

[180]Caselli F，Esquivel G，Lefort F. Reopening the Convergence Debate：A New Look at Cross-country Growth Empirics[J]. Journal Econ Growth，1996

(1): 363-389.

[181]Robert J Barro. Determinants of Economic Growth: A Cross-Country Empirical Study [M]. MIT Press Books, The MIT Press, 1998.

[182]林毅夫，刘培林．中国的经济发展战略与地区收入差距[J]．经济研究，2003(3): 19-25+89.

[183]范剑勇，朱国林．中国地区差距演变及其结构分解[J]．管理世界，2002(7): 37-44.

[184]Le Gallo J. Space-time Analysis of GDP Disparities among European Regions: A Markov Chains Approach[J]. International Regional Science Review, 2004 (27): 138-163.

[185] Quah D T. Regional Convergence Clusters Across Europe [J]. European Economic Review, 1996 (40): 951-958.

[186]方叶林，黄震方，王芳，等．中国大陆省际旅游效率时空演化及其俱乐部趋同研究[J]．地理科学进展，2018，37(10): 1392-1404.

[187]杨海艳．我国人居适宜性的海拔高度分级研究[D]．南京：南京师范大学，2003.

[188]Simon Kuznets. Economic Growth of Nations: Total Output and Production Structure[M]. Cambridge: Harvard University Press, 1971.

[189][美]罗斯托．从起飞进入持续增长的经济学[M]．贺力平，等，译．成都：四川人民出版社，1988.

[190][美]钱纳里，塞尔昆．发展的型式：1950—1970[M]．李新华，等，译．北京：经济科学出版社，1988.

[191]Denison E F. Why Growth Rates Differ[M]. New York: Washington D C: The Brookings Institution 1975 Massachusetts Avenue, 1976.

[192]Jochen Hartwig. Testing the Growth Effects of Structural Change[J]. Structural Change and Economic Dynamics, 2012(3): 11-24.

[193] Michael Peneder. Structural Change and Aggregate Growth [R].

WIFO Working Paper, Austrian Institute of Economic Research, 2002.

[194]姚洋. 发展经济学(第二版)[M]. 北京：北京大学出版社，2018.

[195][美]保罗·克鲁格曼. 地理与贸易[M]. 刘国晖，译. 北京：中国人民大学出版社，2017.

[196]沈体雁，劳昕，杨开忠. 经济密度：区域经济研究的新视角[J]. 经济学动态，2012(7)：82-88.

[197]Wang J F, Li X H, Christakos G, et al. Geographical Detectors-Based Health Risk Assessment and its Application in the Neural Tube Defects Study of the Heshun Region, China[J]. International Journal of Geographical Information Science, 2010, 24(1): 107-127.

[198]Wang J F, Hu Y. Environmental Health Risk Detection with GeogDetector[J]. Environmental Modelling & Software, 2012(33): 114-115.

[199]王劲峰，徐成东. 地理探测器：原理与展望[J]. 地理学报，2017，72(1)：116-134.

[200]Brunsdon C, Fotheringham S, Charlton M. Geographically Weighted Regression [J]. Journal of the Royal Statistical Society: Series D (The Statistician), 2017, 47(3): 431-443.

[201]王珂靖，蔡红艳，杨小唤. 多元统计回归及地理加权回归方法在多尺度人口空间化研究中的应用[J]. 地理科学进展，2016，35(12)：1494-1505.

[202]杨忍，罗秀丽，陈燕纯. 中国县域乡村地域多功能格局及影响因素识别[J]. 地理科学进展，2019，38(9)：1316-1328.

[203]韩静，芮旸，马滕，等. 国家园林县城省际分布格局演化及影响因素[J]. 长江流域资源与环境，2019，28(2)：829-838.

重要术语索引